福田康夫

元内閣総理大臣

1959年　早稲田大学（経済）卒業

1959年　石油会社勤務（1976年まで）

1965年　公財役員（1991年まで）

1977年　内閣総理大臣秘書官

1990年　衆議院議員（2015年まで）

1995年　自民党副幹事長、財務委員長

2000年　内閣官房長官（森内閣）（2001年まで）

2001年　内閣官房長官（小泉内閣）（2004年まで）

2007年9月　内閣総理大臣（第91代）

2010年　ボアオアジアフォーラム理事長（2018年まで）

現在：ボアオアジアフォーラム諮問委員長

（公財）アジア人口開発協会 理事長

（一財）日本アジア共同体文化協力機構 会長

（一財）周恩来平和研究所 最高顧問

ほか、諸外国との友好協力団体を主宰

〈撮影　山岸伸〉

FUKUDA

福田康夫文集

世界の平和を求めて

王敏【編】

三和書籍

YASUO

はじめに

２０２２年５月でした。新緑が蘇り、万物が微笑むころ、『福田康夫文集』の発刊準備は順調に進んだ。

福田文集は春先に企画された。ここ数年における中国を中心にしたアジアそして世界を視野に講演された内容を収めることになる。福田康夫流の「時代精神」とはどういうものか。「飄々」とした脱俗の風貌のどこに日本の首相にまで上りつめた英知が隠されているのか。これからの中国、アジア、世界とどう向き合うか、さ迷う時代への指針を得られるに違いない。

この文集は、記録を残したい読者の願いを叶えるものでもある。よって、文集の構成につき、加筆と注釈をできるかぎり付け加えないことをした。願わくば、福田康夫の世界観が如実に伝わり、その中の中核となる日中関係の進化を、期待してやまない。（編者）

※　文中の敬称略

目次

序章
対話こそ最優先の日中関係
福田康夫×王敏

日中国交正常化50周年という節目の年を迎えるにあたって、これまでに両国が共に築き上げてきた共通の認識を改めて確認し、新たな未来予想図を描く時が来た。50年という長い月日の中で日中が共に歩んできた道のりを振り返ると同時に、様々な課題を抱えめまぐるしく変動する世界情勢に対する見方なども交えて、その中での中国に対する期待と日中関係のこれからについて、長年日中友好に尽力してきた福田康夫元首相にお話を聞いた。

運命共同体としての日本と中国

王　周恩来総理と田中角栄首相が中日共同声明を締結したのは1972年9月29日でした。それから、50年の月日が経ちました。古来、日本と中国は深い交わりをもつ隣国として発展を共にしてきました。改めて歴史の歩みを振り返ってみてはいかがでしょう。

福田　日本は古来、一衣帯水のつながりで地勢的にも文化や習慣など生活にかかわる分野を中国大陸に依拠してきました。日中は歴史上、疎遠の時代はなかったのです。だが、20世紀の一時期、日本は間違った方向へ踏み外してしまった。その反省と教訓から、戦後日本は平和貢献の国家を第一の目標にして、とくに中国との関係修復に努力を重ねてきました。

私の父・福田赳夫《たけお》は日中は無論、世界は「運命共同体」と私によく語り、理念の中核にしていたことは間違いありません。その原点は多くの日本人同様に、近隣の中国とは根っこが連なっているという素朴な考えに由来したようです。

首相になった福田赳夫が日中関係に対して、「全方位平和外交」を主張して、国交正常化のあとの日中のチャレンジとなった平和友好条約の締結を推し進めて実現させせました。

１９７８年、鄧小平国家副主席が初訪日し、新中国の指導者として首相官邸で10月23日、日中平和友好条約の批准書交換式が行われました。双方の署名が終わったとき、鄧小平氏と福田

碁をうつ福田赳夫とご長男の福田康夫（1972 年）

1989 年、鄧小平総理夫妻の訪日を迎えた福田赳夫総理夫妻

赳夫が互いに抱擁しあった。心と心のつながる「運命共同体」の橋が架かった瞬間でした。父を扶ける秘書でいた私は、その光景に接して、今でも高ぶった感動を忘れることができません。

王　先生もお父様の意志をしっかりと受け継いで、日中の更なる緊密な連携が実現できるよう力を入れてきましたね。

福田　私は2007年9月26日、日本国首相に就任しました。3日後でしたが、温家宝首相と電話会談しています。日中首脳によるものとしては史上初とされました。翌2008年5月7日、日本訪問中の胡錦濤国家主席と私は、「『戦略的互恵関係』の包括的推進に関する日中共同声明」に署名しました。いずれも運命共同体の軌道に沿って進んでまいりました。

中国共産党第18回全国代表大会とそれ以降、習近平主席が世界は人類運命共同体の構築に向けて努めるべきだと提唱していますが、「人類運命共同体を構築し、協力し合ってさらに美しい世界を建設する」というご提案に対して、感激に堪えません。

福田赳夫夫妻と訪日中の鄧小平夫妻（『日中関係 180 年』より）

2008 年 5 月 7 日、訪日中の胡錦濤夫妻を迎えた福田康夫夫妻（中国新聞社提供）

王　日本と中国は地理も文化も近しい二つの国として、紛れもなく運命共同体です。これからも運命共同体として、どのような課題に協力して取り組めると思いますか。

福田　日中に共通する課題として、気候変動を含めた環境問題が第一に挙げられる重要課題であり、とても深刻な問題だと思います。政治家のリーダーシップも大事ですが、国民ひとり一人の行動も重要です。例えば、不必要な消費は行わない、エネルギーは大切に使うなど、質素とシンプルのライフスタイルを美徳とするのではないか。国民一人一人がこのことをよく理解して、そうしたありかたに協力をするということが必要でしょう。そうしなければ、地球の環境が改善されることはありません。

王　古来、両国の辞典には「質素」「節約」「清廉」という言葉があり、いずれもプラス表現とされ、美徳とされてきました。

福田

中国は人口14億人の大国です。地球全体の人口の20パーセントですから、地球全体に対する責任もそれだけ大きいと言えるのではないでしょうか。

これは地球規模で取り組むべき課題であり、人類がみんなで協力し合うしかありません。戦争などしている暇はないのです。戦争をやって、火薬爆発を起こせば、それだけエネルギーをたくさん使うわけですし、CO_2がたくさん発生しますから、そういうことが起きないように平和的にやっていかなければいけないのです。

いずれにしましても日本と中国は、気候変動問題をはじめとした地球環境の危機に際して、持続可能な社会の構築に向けた協力の在り方について話し合い、地球規模の課題に対して協力し合うことがとても重要だと考えています。

王

先生もお気づきでしょうが、2022年8月13日のボアオアジアフォーラムの会場は全て、100パーセントのエコ電気による電力供給でした。

福田　私自身、中国が環境にやさしい措置を講じることにはとても賛成ですし、今後のエコ分野での発展にも大きく期待しています。中国の一番の変化は経済の発展ですが、経済の数値だけで国際社会での地位を高めることはできません。今後、中国が国際社会にどのように貢献していくかが、世界の注目するところだと思います。だから、信頼の維持はとても重要な課題です。信頼がなければ協力は生まれません。例えばＲＣＥＰの本質は各国のお互いの協力の上に維持されるものです。相互信頼がなければ、経済貿易の促進もないでしょう。

分断に橋をかける

王　今の政界情勢についてお伺いします。

福田　今、世界はロシアのウクライナ侵攻によって、大きな分断と混乱の危機に直面しています。

また何かのきっかけで、より深刻で悲惨な事態にもなりかねません。この上ない慎重さが求められます。

第一に、全ての人類にとり、一刻も早く実現すべきことは、人と人の争いをやめること、つまり停戦です。

いつの時代も、主張のぶつかり合いを解決するために外交があり、国際間の主張の違いは、あくまでも話し合いによる結着です。徹底した話し合いでも結論に至らない場合は、「棚上げ」という方法もあります。武力衝突は外交の失敗です。これには双方に失敗責任があります。しかし「外交の失敗」と片付けて「だから侵略、衝突」というのも余りにも短絡すぎます。それは破壊と殺人を伴うからです。一刻も早く停戦し、人命や都市の損壊をやめることを要求するのみです。

王

実際にはどうでしょうか。

福田　客観的に見ると、現状で停戦の実現は容易ではありません。それは、グローバルな世界では利害関係国が多く、複雑な様相を呈しているからです。当事者はロシアとウクライナですが、ロシアとＮＡＴＯの争いでもあります。しかし、実際はロシアとＮＡＴＯの一員である米国の争いと見ている人も多いと思います。争いの背景に核兵器の存在も見え隠れしています。そして、停戦に向かってどの国がどう動き、国連がどうするか、など、これから様々な意見が出てくるでしょう。その道筋が、まだ見えていないのが現状です。

実態を見れば、米国がロシアとの停戦に至る道筋を付ける役割を担うのが最も適している様に思えます。そして、これ以上の犠牲者を出さないように、時間を急ぐ必要があります。

王　そのためにどうすればよいでしょうか。

福田　私は、調停を進める上で、米国の役割を最も期待しています。国連、ＩＭＦ、ＷＴＯ、世界銀行など、国際社会と世界経済のシステムは、いずれも米国が中心になって構築し運営してきたもので、これにより、第二次大戦後の世界は、平和と安定を確保する上で、大きな役割を果たしてきました。

しかしながら、戦後80年も経つと、国連を要とするこのシステムは、改革改善が必要になっていることも事実です。また、食料不足や世界の経済にも影響を与えている現状に対し、関係国のみならず、多くの国の協力が必要でしょう。日本も、この取り組みに積極的に参加・協力していくべきですし、大国である中国の協力は必ず求められます。

中国には中心的立場で役割を果たしてもらいたいと思います。中国はロシアと長い国境線を分かち、国境地域では、人や経済の交流もあります。また、ウクライナともいろいろな交流があることも承知しています。同時に中国は、米国とも太いパイプを築いており、今や世界第2位の経済大国で、且つ、軍事大国でもあります。大きな役割を果たす十分な資格があります。それだけに国際社会に対する責任は極めて大きいのです。世界に羽ばたく中国は世界から求められる中国であって欲しい。

王　「大国」の役割についてどう思われますか？

福田　世界が困窮しているときに、今や大国は傍観者に留まることはできません。世界秩序の安定につながる、大きな役割をどのような形で果たすか、ということを、世界は注目していると思います。

日本には「陰徳」という言葉があり、今でも使われています。言葉の意味は、人に知られない善行、隠れた功徳は後になるほど評価が高くなる、ということです。元来、この言葉は中国の古典からきたものですから、中国の人はよく理解されていると思います。何故このような言葉を引き合いに出したかというと、今回の調停作戦は非常に難しいだけに、特別な働きかけが必要と思うからです。

王　今一度「人類運命共同体」の意味を考えるべきでしょうね。

習近平との会談（2020 年ボアオアジアフォーラムにて）

福田　習主席の「人類運命共同体」という概念に、私はかねてから賛同しています。これは、感染症や気候変動の問題だけでなく、今や、人類は明らかに運命共同体だからです。また、経済面でも同様です。日本も米国も、中国を切り離して経済活動は考えられません。中国も、日米などを切り離すことは、良いことではないでしょう。

人類が一人一人の命を大切にする運命共同体であるなら、日々、重い命が失われる現状は、許されるものではありません。一刻も早い停戦を、日米中の連携から実現できれば良いと思います。

初心を忘れず、対話に対話を重ねて

王　改めて、今後の日中関係の発展における交流の重要性についてどう思いますか。

福田　近頃の厳しい情勢を思うと、日中には一刻も早く関係を改善してほしいと願うばかりです。日本にとって中国は隣国であり、文化的に最も大きな影響を受けて来た国であります。中国と日本の2000年にも及ぶ友好往来の歴史の中で、両国の文化交流はまさに大河のごとき大きな役割を果たして来ました。

異る文化の交流とはお互いの文化の違いを認め、互いに尊重し、相互に理解しようとする姿勢を意味します。異なる文化的背景を持つ者同士が、違う世界観、違う習慣を互いに理解し、ともに育み、耕して行く土の上にこそ、真の友好の豊かな実りが実現するものと信じます。

王　今年の5月、福田先生は中国留日同学会の特別顧問に就任されました。文化の交流を推し進めるという意味でも、先生は常日頃から若い世代に大きな関心を寄せていますね。

福田　今年の「五四青年節」、中国留日同学会が京都嵐山にある周恩来総理の「雨後嵐山」詩碑と43年前に建造された「雨中嵐山」詩碑を訪れたと聞きました。私はよく考えました。周恩来総理が残した貴重な財産は何なのかと。そして、周総理が日中友好に尽力する原動力は何だったのかと。それは紛れもなく、周総理が若い頃日本に留学した時の経験につながりますね。日中平和発展の事業を実践していく上で、若い世代に希望を託すことは欠かせません。私たちの世代では四つの政治文書に署名し、交流を推進してきました。今後もその趣旨を実行し、定着させていくのは、次の世代の人々です。その中で、中日の留学生たちは草の根の力となるものであり、確りとした考えと使命感を持って貫いたいと思いますし、中国留日同学会の皆さんには周恩来総理を手本とし、日中関係の絶え間ない発展を後押ししていってほしいですね。

著者と編者　2022年8月福田事務所にて

王　そのために、最優先すべき課題は何だと思いますか？

福田　日中は一衣帯水、利害一致の隣国です。国民はこの点をしっかり心に刻むべきだと思います。その上で共に考え、経済・人員・文化など各分野での交流をしていくべきだと思います。特に目下、往来が非常に不便な中、全方位的な文化交流をしていくべきだと思います。そして現時点での最優先の問題は、ともかく、対話に対話を重ねていくべきです。

王　2000年以上にわたって語り合ってきたにも関わ

らず、まだ語り足りませんね。それでは、次回の対話を心待ちにいたします。ありがとうございました。

（『人民中国』２０２２年9月号に掲載された対談文の加筆をした）

第1章　福田康夫の「中国観」——温故創新

1-1　自転車集団から高速鉄道への「大躍進」

本シンクタンク理事長の曾培炎先生とはボアオアジアフォーラムでのお付き合いです。先生は、経済社会を正しく把握し、誠実に問題に向き合う、優れたリーダーであることに、つねに感服いたしております。

国務院副総理として経済全般をご指導し、中国の極めて順調な成長、発展の基礎を築くことに大きな力を注がれたものと思います。最近日本でも出版された曾先生の著書「中国―市場経済と対外開放」に、先生の考えが詳述されております。

その中国の発展が着実に進むスピードは、私が中国を訪れる度ごとに、都市の景観の変化の大きさに驚かされるほどの速さです。

北京の天安門の大通りは、私が最初に訪れた37年前は自動車の往来は少なく、あの広い大通りを埋め尽くすのは自転車の塊でした。その頃と今を比較することの意味は全くないと思うので、最近の出来事で話をすると、高速鉄道、又は日本で云うところの新幹線は、その総延長は今や2万キロメートルに達すると云われます。私も曽培炎先生と一緒に海南島で4年前に乗ったことがありましたが、滑らかで静かで頗る快適でした。

長い歴史を持つ日本の新幹線は60年前に初めて運転を始め、現在の総延長は２８００キロメートル、中国の7分の1です。中国の高速鉄道は2万キロメートルを敷設するのに10年も要していません。その上、列車のスピードも時速３５０キロメートル以上という、最近のニュースもありました。

日本の新幹線は、一度も事故を起こしていないという安全性を売り物にしています。中国の高速鉄道は、最初一度だけ事故を起こしたことはありましたが、それ以来、事故は皆無と聞いています。

高速列車のスピードも然ることながら、鉄路の建設ぶりも超高速で、次々と延伸しています。

超高速は高速鉄道だけのことではありません。いろいろの分野で高速現象は起きています。物事を成し遂げるときに、早く完成すればそれに越したことはありません。早ければ早いほど良いのですが、それにはリスクが付きまといます。

国家レベルで考えれば、鉄道には力を入れて国民の便利さは高まったが、他の分野の整備、例えば医療などの分野で、医師や看護師が足りない、医師の質が悪い、医療費が高いなどの欠陥があれば、国民は不満を持つでしょう。

自動車で云えば、2万点もある部品の一つひとつが間違いなく、規格通りでなければなりません。が、急いだためにたった一つの小さなネジに不具合があれば、その自動車は走りません。

経済成長は早い方が良いが、それと同時に大切なことは、国家全体を見て全ての分野がバランスよく整備されていることです。成長のスピードが早いときは、とかくバランスが崩れやすく、進んだ部分につい目が行って、崩れた部分を見落としてしまうことが有り勝ちです。

スピード成長の社会では貧富の差の拡大も起こり易いが、それは制度や政策が成長のスピードに適合していない結果でもあります。

もう一つ言えば、グローバリゼーションはアンバランスを生じ易い仕組みであるから、これにどう対処するかは、日本にとっても他の国にとっても大きな課題です。

かつての日本は1960、70年代に高度経済成長を経験しましたが、それは重厚大産業に偏っていました。成長のスピードが早過ぎて国民生活が取り残され、サービス産業が低迷した時代でもありました。

幸いなことに、日本の税制の特色、すなわち全ての国民が公平に、という制度の結果、所得の格差拡大を防ぐことができました。具体的に申し上げると、個人所得には累進課税が適応され、所得の高い人は70パーセントも課税されました。有能な作家や芸術家など高額所得者などからは、自分の才能を生かして努力した甲斐がない等という不平をよく聞きました。

また、親から子への相続税も酷しく、相続財産の半分、時には半分以上も課税されてしまうため、親の家を相続しても、相続税を払うために、その家を売って税金を納めたという話をよく聞いたことがあります。

その様な課税制度を採用した結果、国民の間に格差が生じることが少なく、所得が平均化したのが高度経済成長時代の日本でした。

その頃、よく皮肉交じりに他の国の人から、「本物の社会主義国を見たければ日本に行け」と云っているということを聞いたことがあります。この所得格差の少ないことが、まだ発展途上で国民の間に不満の起り易い時期の日本で、不満の爆発を防ぐことができた大きな理由であり、この面においては成功したと言えるでしょう。

他方、国際的には、この日本の高度成長は大きな波紋を東南アジアに広げてしまいました。日本は高度経済成長で経済を急拡大し、その経済力を東南アジアの国々に拡大しました。

その結果、一部のアジアの国から、急速な経済進出を「脅威」と誤解されてしまい、反発を受けました。日本の首相が、訪問していたジャカルタで、激しい反日デモが起こったため、ホテルに閉じ込められるという事件が起こりました。

日本から見て日常的な、極めて当たり前の経済行為であっても、その時の状況によっては、相手の国にとって「脅威」とみなされ、大きな反撃を受けることもあります。それから数年経ちましたが、その痛い経験から生まれたのが「福田ドクトリン」という日本の対外政策でした。

その中味は、

1.日本は軍事大国にならない、

2.心と心のふれ合う信頼関係、

3.日本とアジア諸国は対等なパートナー、

という3点を対アジア外交の基本姿勢として、アジアの国々との友好関係を取り戻し、その後の日本外交を展開するということ。以来、今日に至るまで順調に外交を進めることが出来るようになりました。

この三つのメッセージの中で特に大事と思えるものは「心と心のふれ合い」です。この言葉は抽象的な言葉で、人によって定義も考えも異なります。それでもこの言葉は東南アジアの人々に広く知れ渡り、今でも「Heart to Heart」と愛用されています。

福田康夫事務所にて（2017年）

実は、第19回党代表会議報告の習近平主席の発言の中で、「心連心」という提起がありました。かつて、私が東南アジアでは「Heart to Heart」をよく使いました。同じ気持ちを知り、大変嬉しく思いました。

党大会報告の中における習近平主席の人類運命共同体の構築の呼びかけ、すなわち、いかなる国にとっても脅威とならず、永遠に覇を唱えず、という方針「心連心」に根差したものと思い、全幅の賛意をお届けします。そして美しい中国の建設に立ち向かう方針と称揚します。

（2017.11.16　CCIEE〈中国国際経済交流センター〉主催シンポジウムにて）

1-2　70年で想像を超える大変化を遂げた中国

私の事務所には入って正面の壁に、中国の書道家による「一衣帯水」と書かれた作品を掛けています。なぜかというと、中国は日本にとって非常に重要な国であるからです。

１９８０年に初めて中国に足を踏み入れて以来、私は幾度となくこの国を訪れました。中華人民共和国成立70周年に当たり、初めて中国を訪問した際のことを思い出し、この70年間で中国が成し遂げた発展の成果に賛辞を贈るとともに、人類運命共同体の構築および日中関係のさらなる前向きな発展に期待を寄せています。「温故創新」とはまさに現在の中国を表しています。

この70年間、中国は着実に発展しています。特に改革開放政策が実施されてから、中国は産業の発展モデルについて新たな考えを講じて実践し、日進月歩で成長してきました。その後、中国の歴代指導者は改革開放の理念を受け継ぎ、発展させながら、中国を導いて前進し続けてきました。改革開放後の40年は、これまでの新中国の発展の集大成として世界的に認められています。今後、中国はこれを前提に将来どのように発展していくべきかを考えて、新たな段階へと進むでしょう。

中国を訪れた１９８０年は、強い好奇心を抱いていました。当時の中国はまだ高度経済成長期に入っておらず、人も自転車も多く、天安門広場前を走る自動車はまだ少なかったですが、活気に溢れていたのが第一印象です。その時は北京と西安、上海を回りました。改革開放以来、中国は強大な学習能力を持ち、自らの国情に照らして発展の道を模索し、社会主義市場経済を実施し、世界経済と足並みを揃えて、金融や投資、人材などの面においてたゆまず進歩してきました。その後これらの都市を再訪した時、以前とは全く想像もつかない変化を目にすることができました。

経済が急成長するにつれ、中国は各分野において、特に国民の生活レベルや教育などで大きな変化を遂げています。貧富の差はまだ存在しますが、私が知る限り、現在の中国の地方都市でも目覚ましい発展を遂げています。また、もう一つの顕著な特徴が、インターネットとスマートフォンが全国に普及し、大都市であろうと田舎であろうと平等に情報を手に入れられることです。情報の伝達により、教育と国民の意識もさらに高まっています。国家にとって、国民の意識を団結させ、同じ方向に導くことは非常に重要です。

今年、中国で行われたボアオアジアフォーラム年次総会に出席した際、中国経済がスピードから質へと変化していると申し上げました。例えば、日本の経済界でも広く注目されている「深圳モデル」ですが、１９９５年に初めて深圳に行ったとき、そこには何もありませんでした。しかし現在は高層ビルがそびえ立ち、革新型企業が次々と設立され、将来は米国のシリコンバレーに匹敵すると見込まれるハイテク起業都市へと成長しました。近現代において、研究・イノベーションの歴史は米国の方がはるかに長く、中国はまだ一部の部品を輸入に頼っていますが、中国は全ての部品を生産できるよう力を入れています。一部の分野において、中国は必ず米国を追い越すことができるでしょう。

中国の科学技術は日進月歩の発展を遂げており、一朝一夕で実現したわけではありません。中国は技術の発展のために堅実な基礎を築き、その上で革新を進めてきたからこそ、急速な発展を遂げることができたのです。またそれとともに、中国は自国の発展が完成したと考えておらず、まだ発展の余地があると認識し、いくつかの細部には改善できる点があることに気付き、これらの細部を補えば、基礎がさらにしっかりし、遠くまで進められると考えているのです。中国は正しい発展の方向に進んでいるので、今後もこの方向に沿って順調に発展し、進めながら検証し、終始正しい方向を堅持することを期待しています。

２００７年、当時の日本首相として中国を訪問した際、私は孔子の故郷である山東省で「温故創新」に言及しました。この言葉は現在の中国を表すのに非常に適切であり、中国の未来の発展への期待でもあると考えます。「温故知新」は孔子の教えであり、日本でも広く知られている言葉です。しかし新を知るだけでは不十分で、新を創ることも必要です。これはまさに中国が実践していることです。

中国は人類運命共同体の構築を打ち出しましたが、これは平和主義に基づいた理念だと考えています。私の事務所には『習近平　国政運営を語る』の中国語版と日本語版、英語版の３バージョンがあります。その中で習近平国家主席は平和と人類運命共同体についての見解を明確に述べており、中国を指揮しそれに向けて努力しています。私自身もそうですが、習氏は平和主義者だと思います。日本はかつて愚かな戦争を起こしましたが、その反省から平和憲法を作り、平和主義国家になったのです。現代は核兵器の存在により、戦争が勃発すれば全世界が存続できなくなります。従って、全人類と全世界は平和の維持に力を入れなければなりません。

私も父も、中国は日本にとって単なる隣国ではなく、非常に重要な国だと考えています。これを踏まえて私は父と幾度となく会話を交わしたことがあり、各時期における異なる状況に応じて、日中関係に関する各種の前向きな議論も行いました。具体的な問題について意見が分かれることもありましたが、全体として、中国が日本にとって非常に重要な国であるという点はいつも意見が一致しました。私たち親子だけでなく、一般常識や教養のある日本人であれば皆そう思っているはずです。

他の発展途上国の発展に協力し、ウインウインを実現することは日中両国が負うべき国際的な責任です。いつ、どのような形で他国と共通認識を持つべきか、中国はこれを慎重に検討しているのだと考えています。「一帯一路」イニシアチブはこれで生まれたものだと思います。相手国も世界も受け入れられる共有という形で支援すれば、「一帯一路」は成功するでしょう。第三者市場協力については、私の首相在任中に日中両国が署名した第四の政治文書に記載されています。昨年北京で行われた「第1回日中第三国市場協力フォーラム」では、両国企業の間で50件以上、総額180億ドル以上の協力覚書が締結され、第三者市場協力が着実に実行されました。

（原文は 2019.10.1『参考消息』に掲載）

1-3　中国の発展は日本のチャンス

１９７８年10月、私は福田赳夫首相（当時）の秘書として、訪日中の鄧小平氏と東京で会う幸運に恵まれました。鄧小平氏は優しく、ひとしお親しみやすい、精力的な老人でした。東京で福田赳夫首相と会談したほか、鄧小平氏は各地を訪れ、新日鉄、日産自動車、松下などの企業の工場を見学されました。その後まもなく、中国共産党第11期中央委員会第３回全体会議が開催され、改革開放という偉大な決定がなされました。

中国共産党のその政治決断は非常に賢明でした。改革開放なしに、その後の中国の急成長は実現困難でした。１９８０年代初め、私は北京、西安、上海などを訪問したことがあります。当時の中国はまだ非常に貧しく、現在とは全く違っていました。北京首都国際空港から市内への道路が大変狭く、両側が畑だったことを私は今もはっきりと覚えています。農民が畑で働く情景もありありと目に浮かびます。

その後私は中国を約30回訪問しました。中国を訪れるたびに、その多大な変化と盛んな活気をしっかりと感じることができます。私は中国の高速鉄道に２回乗り、速度が非常に速いだけでなく、車内が大変清潔で美しく、快適であることを感じました。日本の新幹線は１９６４年に初めて開通し、現在でようやく約３０００キロメートル建設されました。中国の高速鉄道はわずか十数年で開通距離が２万５０００キロメートルを超えました。こうして計算すると中国の高速鉄道の開通距離は日本の約8倍に相当します。

２０１８年4月のボアオアジアフォーラム年次総会では、中国の成長スピードが高速鉄道の建設速度と同様に速いことに、多くの国々の指導者が驚嘆しました。２０００年に中国の国内総生産（ＧＤＰ）は日本のおよそ4分の1でしたが、２０１０年に中国は日本を抜いて世界第2位の経済大国となりました。今や中国のＧＤＰは日本のほぼ2.5倍です。人類の歴史において、中国のように急成長を遂げた国はおそらくないでしょう。

中国の改革開放が多大な成果を得た最大の理由は、中国共産党の揺るぎなく正しい指導の下、中国の人々が自国の国情に基づき、自国に適した発展の道を探り出し、刻苦奮闘し、勤勉に働いたからです。まさしく鄧小平氏が強調した「発展こそ不変の道理」「安定は全てを圧倒する」のように、中国共産党の指導の下、中国は政治的に安定し、社会秩序が良好であることで、経済的なテイクオフに良好な環境を築きました。歴史がすでに繰り返し証明しているように、政治が不安定なら、経済成長を語ることはできません。かつて日本経済が急成長したのも、政局が長期安定していたからです。日本と中国は国情が異なります。日本の政党は日本に適した方法で日本を管理し、中国共産党は中国の国情に適した方法で中国を治めています。中国の発展路線は、中国の国情に非常に適したものだと思います。

また、われわれは鄧小平氏が遠大な卓見を備えていたことも認識する必要があります。鄧小平氏は教育を非常に重視し、大学入試制度を再開させ、９年間の義務教育制度を実施しました。それによって、中国の経済・社会発展のために優秀な人材が数多く育成されました。

習近平主席の打ち出した人類運命共同体の構築という理念に、私は大変賛同します。各国の人々はみな同じ地球に暮らしており、みな友であり、運命を共にすべきです。先般、習近平主席のアジア・アフリカ諸国への歴訪は、人類運命共同体の構築という理念の実践です。アフリカは世界で発展の遅れた地域であり、依然多くの国が貧しく、生活の保障のない人が少なくありません。近代以降、欧州列強はアフリカで多くの植民地をつくり、アフリカの人々に多大な苦難を与え、こうした国々の経済基盤が非常に弱くなる結果をもたらしました。彼らは技術がなく、経済成長のノウハウも不足しています。習主席のアフリカ訪問は、アフリカと手を携えて発展し、アフリカ諸国の人々と共に人類運命共同体を構築することが目的です。中国がアフリカを支援して多くのインフラを建設し、民生を改善したことは喜ばしく、安堵を覚えます。

日本が中国と共にアフリカの発展に助力できれば、アフリカの人々に極めて大きな幸福がもたらされるでしょう。これはアフリカの経済成長に資するだけでなく、世界の平和と発展にも資することです。

今年は中国の改革開放40周年。まさに今年4月のボアオアジアフォーラム年次総会の開幕式で習近平主席が強調したように、「われわれは開放・ウインウインを堅持し、勇気を持って変革・革新に取り組んでいこう」。改革開放は前へ向かい続ける偉大な航程です。中国が引き続き改革を深化し、開放を拡大することを希望しています。今年は日中平和友好条約締結40周年でもあります。一衣帯水の隣国である中国と日本は、それぞれ世界第2、第3の経済大国です。中国の発展は日本にとってチャンスです。両国が緊密に協力し、人類運命共同体の構築のために力を捧げることを望んでいます。

（原文は2018.10.31 人民日報に掲載）

2015年ボアオフォーラムにて習近平との会談

2015年　ボアオアジアフォーラムにて習近平との会談

2018年ボアオフォーラムにて

1-4　日中経済関係の相互補完と「心連心」

世界は大きく変わりつつあります。大げさになるかもしれませんが、われわれは歴史の転換点にあるのだといっても良いと思います。その変化の中心には、自由経済の拡大、科学技術の絶えざる進歩というものがございまして、さらにこれに呼応するように中国の台頭があることは間違い無いと思われます。日中に韓国を加えますと、この東アジア3国の経済圏はすでにEUを凌駕し、そして米国と拮抗するほどの規模となっております。世界が新たな転換点に到達した今日、日中両国が世界全体を視野に入れて、両国関係の最も重要な要素である経済を、より強固なものにするチャンスを与えられたのであります。

世界の変革期における最大の要素は、この、東アジアの経済規模の変化といえると思います。その中心にある中国は、先般開催された中国共産党第19回党大会において、習近平主席が2050年までの国家目標を定め、新しい体制のもとに、新しい時代に向けた出発を発表しました。日本においても安倍政権は、日本としては戦後まれにみる長期安定政権を続けております。世界の大きな変革期にあって、日本と中国は、ともに安定した基盤を持つ大国として、日中の問題だけでなく、広くアジアや世界の問題を共に語り、解決策を見つけ出し、そして行動する絶好のチャンスを与えられたということです。ともに世界の平和と発展のために手を取り合い、前進すべきです。

日本は１９６０、70年代に高度経済成長を経験しましたが、その頃の経済は重厚長大産業に偏った高度成長でした。成長のスピードが早過ぎて国民生活が取り残され、サービス産業が低迷した時代でもありました。ここで生じた高度経済には付きもの所得格差の拡大を、日本は税制、すなわち所得の多い人には所得の７割以上を課税するという所得の平均化、平準化政策により、何とか喰いとめることができました。その後の日本は、１９９０年代初頭でしたが、バブル崩壊から20年以上の長きにわたって経済の停滞が続きました。そのことを「失われた20年」、或いは「停滞の20年」と呼ぶ人もいますが、私は、この点についていささか考えが違っています。

もちろん「失われた20年」の日本の経済に、昔の高度成長期のような我武者羅と云われる程の活力はありませんが、しかしこの20余年間、日本人の生活水準は安定的に維持され、むしろ生活や社会の質は向上しました。日本国民の多くは、日本の歴史始まって以来、比較的高度な生活水準を、しかも長い期間、享受し続けることができたのです。最近の世論調査ではこの様な状況を反映して、7割の国民が今の生活に満足している、と答えております。

勿論、日本に問題がないわけではありません、そのように言うつもりは毛頭ありません。中でも少子化問題はその最たるもので、それ以外にも問題は山ほどございます。しかし、経済はスローペースの発展でしたが、逆にそのことが日本社会を熟成させてきました。それは、平等で清潔で、安心して生活できる社会を作り出したのです。将来のことさえ考えなければ、世論調査の言っている通りです。

中国は、その間、ギアをさらに高速に変え、経済発展を加速させて参りました。中国の経済規模は、2005年に日本の半分でありましたが、2010年に日本を通り越し、今や3倍に迫ろうとしています。たとえば、中国の高速鉄道は、今や2万キロを超え、2025年には3.8万キロに達するそうです。一度大きな事故を起こしましたが、その後は事故の話は聞きません。それだけ安全性も極めて高いものと思います。中国が日本の先を行く経済分野も、どんどん出てきております。ITを駆使した経済の先端を走る技術や、スマートフォンのようにIT技術を日常生活に取り込むスピードの速さなどそういうものを見ていますと、中国の発展には目覚ましいものがあります。

物事を成し遂げるときに、早く完成すればするほどそれに越したことはありません。早ければば早いほど良いものでありますけれども、そのような速いスピードのときにはとかくリスクがつきものであります。それはどのようなリスクでしょうか。リスクの中の一つだけここで取り上げます。成長のスピードが早いときは、とかく全体のバランスが崩れやすいことです。とかく進んだ部分にはつい目が行ってしまいますけれども、遅れた部分を見落としてしまうことがよくあります。大切なことは国家全体を見回して、全ての分野がバランスよく整備され、国民生活に不満を生じさせないことではないでしょうか。

このような状況を見て私が思いますのは、ただいま私の前のお話にもありましたけれども、日中の経済関係は相互補完性を強める段階に達したと判断しております。日本と中国の間には、自ら異なる国柄や状況がある両国です。しかし両国は同じ地域に属し、文化の源流をともにし、人の交流が多く、その上、高齢化社会という共通課題に直面をしています。多くの共通点を持つ両国が互いに学び合い、協力し合う新たな段階に今や入ったということがいえるのではないかと思います。

この20有余年で熟成した日本社会は、もちろん日本経済の発展のために、中国経済の活力を取り込むことがどうしても必要です。両国が必要とすることについて互いに協力し合い、必要とするものはお互いに提供し合うという気持ちが重要です。第19回党大会において習近平主席は、そのような状況を把握した上で、はっきりとしたメッセージを全世界に向けて発出されております。

それは第一に、「中国の夢は、平和な国際環境と安定した国際秩序がなければ実現できない」という点です。そのためには、第二に、「各国と協力して相互尊重、公平・正義、協力互恵の新型国際関係をつくる」という点です。私は、この習近平主席のお考え、理念、構想に全く賛同します。世界が大きな転換期にあるとき、日本と中国が同じアジアの国として世界の将来をともに考える時代がやってきたという感を強く持ちます。日中が、真摯にアジアと世界の平和と発展を実現するために大きな理念や構想、それらを支える原則や実現の方法などを建設的に議論する時代になりました。

今から40年前、日本が高度経済成長を続けていたときのことです。その発展の仕方が急速であったために東南アジア諸国の理解を得られず、国際的な大きな波紋を広げ、一部の国から、日本の経済進出を脅威と誤解され、強い反発を受けました。挙句の果て、日本の首相がジャカルタを訪問した時、激しい反日デモが起こり、首相がホテルに閉じ込められるという事件が起こりました。

当時の日本人から見れば極めて当たり前の経済行為を行なっていたつもりだったのですが、

相手の国からは「脅威」と受け取られてしまい、大きな反発を受けてしまったのだということに気が付いたのです。

この事件から3年後の１９７７年、そのときの手痛い経験から生まれたのが「福田ドクトリン」という日本の対外政策でした。

その中味は、日本は軍事大国にならない、心と心のふれ合う信頼関係を築く、日本とアジア諸国は対等なパートナーとなる、という三つのメッセージでした。それ以来、これを対アジア外交の基本姿勢として、アジアの国々との友好関係を取り戻し、その後の日本外交を展開することができるようになりました。以来、今日に至るまで順調な東南アジア外交を進め、アジア諸国と友好的な関係を発展させることが出来たのです。

この三つのメッセージの中で特に大事と思えるものは「心と心のふれ合い」です。この言葉は抽象的な言葉で、人によって定義も、受け取り方も異なります。それでもこの言葉は東南アジアの人々によく膾炙し、今でも「心と心」、「Heart to Heart」と愛用されています。

実は第19回党大会報告の習近平主席の発言の中に「心連心」という言葉が使われました。まさに「Heart to Heart」であり、我が意を得たりと大変嬉しく思いました。人はひとりで生きていく能わず、互いに助け合う中で、より良き社会が生まれる。国家も同じです。国同士、助け合い、補い合うことで平和で良き国際社会を作っていくものです。

国同士、助け合い、補い合うことで平和で良き国際社会を作っていくことが出来るのです。これは真に習近平主席の提唱する「人類運命共同体」、これの思想と同じです。元来、日本と中国の間では、同じ言葉で語り合えることが数多いのでありますけれども、今や、それがますます多くなっていくようなそういう感じを受けております。

そのような状況の中で、前回のベトナムにおける安倍首相と習近平主席との会談、そしてマニラにおける安倍首相と李克強総理との会談を経て、日中両国政府の関係がようやく一歩前進したものと思います。しかしここまで来るのに少し時間がかかり過ぎたというのが私の正直な感想でありますけれども、これからはその遅れを取り戻すべく、さらに努力を重ねていただきたい、そのように思っております。

そういう中で、この度の議論が日中の明るい未来に向けて互いの理解がさらに進み、建設的な結論が出るように、心から期待します。


（2017.12.16 第十三回北京－東京フォーラム）

1-5　習近平氏の印象

ここ数年、私は毎年中国に行ってボアオアジアフォーラムに参加しています。中国の国際的影響力が高まるにつれ、ボアオアジアフォーラムは世界に注目される国際会議となっています。毎年の春、各国の政治・経済界のトップらがボアオに集まり、中国の未来の発展に関する情報をつかみ取り、共に協力深化に向けた道筋を検討しています。２０１０年から18年まで、私は同フォーラムの理事長を務め、日本で同フォーラムを「一番よく知っている人」だと言われています。中国の急成長の勢いを身近に感じられるのはありがたいことです。

習近平国家主席がボアオアジアフォーラム２０１８年年次総会で行った基調演説は、昨年の第19回党大会を受け継ぐものであり、中国の改革深化と開放拡大の政策についてさらなる説明をしました。このような素晴らしい演説は、１回聞いただけで、その中核的内容を把握できるものではありません。私は現場で演説に耳を傾けただけでなく、演説のテキストを何度も繰り返して読みました。中国のさらなる改革開放は、日本企業界の見通しを良くすると信じています。

幸いなことに、習主席とは何度も会いました。２００７年12月に日本の首相として中国を訪問したとき、当時、中国共産党中央政治局常務委員を務めていた習近平氏と初めて会いました。誠実な態度と真面目な仕事ぶりは、私に深い印象を残しました。彼との会話の中で、私は習主席が常に中国の未来と人民の幸福を考えていることを感じました。習主席がよく口にしたのは「空理空論は国を誤り、着実な実践こそが国を興す」という言葉です。習主席自身が着実に仕事をこなす優れた政治家であり、有言実行で、確実な根拠に基づいて見解を述べており、敬服させられます。

現在の世界は大きな発展期・変革期・調整期を迎えており、世界は中国のプランを切実に知りたいと思っています。『習近平　国政運営を語る』という本から、全人類の将来を見据える習主席の広い視野を感じ取れます。私は習主席が提唱した人類運命共同体の構築という理念に賛同します。習主席は人類の将来に中国の知恵で貢献しています。

今年は中国改革開放40周年と日中平和友好条約締結40周年に当たります。過去40年間、中国は驚異的な変化を遂げ、人民の生活レベルが著しく向上しました。日本のメディアが今日の中国と中国で起こっている大きな変化をより多く報道し、両国民の相互理解を深めるよう願っています。

（原文は2018.12.25『人民日報』に掲載）

1-6　平和のための「中庸」の知恵を求めて

このたび、孔子生誕2570周年記念国際学術シンポジウムならびに国際儒学連合会第6回委員大会が開催されること、誠におめでとうございます。これほど大勢の方々が一堂に集まったのを目にして、儒学研究の熱気を切実に感じ取り、大変うれしく思います。ここで、心からお喜び申し上げたいと思います。

本日、今回の大会に参加するために日本からやって参りました。日本では、学校に通ったことのある人は誰もが儒学を知っています。多くの日本人は幼いころから儒学を勉強しています。私の父親は儒学の勉強に熱心で、祖父もかつて儒学を勤勉に学んだことがあり、曽祖父はさらに儒学について専門的な研鑽を積んでいました。これは、儒学が日本で幅広く伝わっていることを物語っています。最近の若者のことはよく分かりませんが、多くの日本人が儒学に親近感を持っていると言えます。一方、親近感を持っているとはいえ、儒学の内容を理解できて

2019年11月16日人民大会堂にて
中央には王岐山国家副主席。その左側に福田康夫、劉延東元副総理、国際儒学聯合会会長。

いるかはまた別のことでしょう。日本には「論語読みの論語知らず」ということわざがあります。論語という古典を知っており、その内容を勉強して暗唱までできるようになったが、論語の言わんとする真の意義は理解できていないという意味です。このことわざからも、一般大衆の間での論語の普及度がうかがい知れるでしょう。先ほど、王岐山副主席がおっしゃった「和して同ぜず」という言葉は、日本でも多くの人が知っています。これほど普及しているため、儒学は日本が発祥ではないかと勘違いしている人さえいるかもしれません。このことから、儒学は日本の社会や教育において重要な地位を占めていると言えます。

正直にいえば、私は、儒学が中国に源を発していることを知っていながらも、中国での発展状況についてはよく知りませんでした。総理大臣の在任中、12年前のことですが、儒学の始祖とされる孔子のふるさと・曲阜を訪れました。そこが孔子の出生地であることを知って、非常にうれしく思い、引き続き儒学の勉強に励むように激励されたように思いました。

われわれ日本人にとって、儒学は非常に重要な学問であるだけでなく、教えでもあると言えます。孔子の中核的な思想を現代の表現に変えて言うと、つまり平和と安定を求めるということになります。平和は国内の平和にとどまらず、世界の平和も含まれています。安定は経済発展の安定にとどまらず、国民の安心も指しています。孔子の言葉を私はこのように理解しています。そのような状態になるには、一つの方法があります。それは中庸です。中庸を方法とした思想によって平和と安定を実現するのです。現在の中国の繁栄と発展こそ、安定・平和の発展の道であると思い、中国が今後より大きな発展を遂げると信じています。

そのため、今回の大会でこの分野について皆様からご高説を賜ることを楽しみにしています。本日は滕文生会長のお招きに応じて大会に参加しました。今後とも皆様と一緒に儒学について研究を深めていきたいと願っています。どうぞよろしくお願いします。

（2019.11.16 孔子生誕２５７０周年記念並びに国際儒学联合会第六回年会）

1-7　儒教で世界をより美しく

２０２０年9月26日、各界に衝撃を与えたニュースが日本の各主要メディアで一斉に発表されました。

6～7世紀に書かれた『論語』の注釈書である『論語義疏』の写本が日本で確認されました。この20枚の紙をはりあわせた縦27・3センチの写本は、２０１7年に慶応義塾大学図書館が古書店から購入したものです。慶応義塾大学などからなる研究チームによると、本写本は南北朝末から隋の時代に書かれた可能性が高く、出土品を除けば、最古の『論語』の写本と考えられます。

『論語』はおよそ3～5世紀に日本に伝来し、その後日本に大きな影響を与えた。日本初の成文法である「十七条憲法」の第一条は、「和を以て貴しと為す」を冒頭に掲げました。これは日本が儒家思想の精華を取り入れて国家運営を行う代表例です。今日に至っても、日本の義務教育の教科書では、儒学の精華は経典として取り上げられています。

12世紀、南朝・梁の武帝の時代に成書した『論語義疏』が中国で失われ、清朝の乾隆帝の時代に日本から逆輸入されたように、儒学は常に日中両国の心の交流をつなぐルートと言えます。

１９８３年、私の父で、元総理大臣の福田赳夫と西ドイツのヘルムート・シュミット元首相が共同でインターアクションカウンシル（通称ＯＢサミット）を主導し、国連に「世界人類責任宣言」を提出し、採択されました。その中、「己の欲せざる所は人に施す勿れ」は人類の責任を果たすための「黄金律」として位置づけられています。

その中核となる概念は『論語』に由来するだけでなく、世界中の異なる文化においても育まれ、深く根付いているため、世界中に受け入れられ、共感を呼んでいるのです。

２０１４年9月24日、習近平国家主席は孔子生誕２５６５周年記念国際学術シンポジウムで、「様々な文明の交流と融合、学び合いと相互参考を推進することは、世界をさらに素晴らしくし、各国の人々の暮らしをさらに素晴らしくするために必須の道だ」と指摘しました。

儒学の潤いで世界がより美しく、生活がより素晴らしくなることを願い、『国際儒学』が各国の人々に幸せをもたらし、世界に微笑みを届けるよう心から期待しています。

（2020.10.14『国際儒学』創刊誌）

1-8　積極的、建設的な提案を以て世界に貢献

新型コロナウイルスは世界に蔓延しており、今回はオンラインでの開催となりました。それでも16年の長きにわたり、一度も中断することなく、日本と中国との間に何が起ころうとも、難しい状況の中でも、有意義な対話を続けてこられた日中の関係者の皆様に対し、心より敬意を表します。

しばらく前から言われてきたことですが、世界全体が軋み始め、その軋みは、ますます大きくなっております。アメリカやヨーロッパにおいてグローバリゼーションに対する反対や不満が強まり、内向き傾向をさらに強めております。

アメリカにトランプ大統領が登場し、保護主義と一国主義を掲げ、世界のリーダーとしての役割を放棄したかに見えます、そういう状況であります。バイデン大統領の登場となることになりましたけれども、大きく分断されたアメリカは内向き傾向をおそらく続けることになるでしょう。

この1世紀、アメリカが世界をリードしてきたことは否定しようのない事実です。国際秩序

の真の担い手となったといっても良いということも、そういって過言ではないと思います。世界に大きな影響力を持つことを意味しますが、それは同時に大きな責任と負担を背負い込むことをも意味します。世界秩序のためのルールをつくり、システムを運営し、それに反するものを時には制圧し、時には処罰しなければなりません。このような経済を発展させ平和を守る秩序をつくり、そして維持していくためには、相当の財政負担が伴うのです。

多くの人と同様、私にも、アメリカには「世界の指導者疲れ」症候群が見られるように思えます。多くのアメリカ国民が、現在の国際秩序はアメリカにとり、リターン（成果）よりもコスト（費用）の方が大きいという感覚になっているのではないでしょうか。

そういうときに、アメリカは中国の台頭という厳しい現実を突きつけられたのです。中国の皆さんにはあまり自覚はないかもしれませんが、中国の台頭の世界と国際システムに与える影響は実に大きいのです。アメリカとほぼ同じ広大な国土を持ち、アメリカの４倍以上の人口の、とてつもなく大きな国が、たった40年で、人民元の名目ベースですが、ＧＤＰを二百数十倍にしてしまい、今やアメリカに迫ってきたのです。

実際問題として、中国のＧＤＰ経済の急伸はすさまじいものです。従来の予想では、米中両国の経済力の逆転は早くとも２０３０年から２０４０年にかけてではないかと予想されていました。

それが、中国の急速かつ着実な経済成長の上に、本年のコロナ禍の世界的流行に伴う米国の経済停滞や対照的な中国経済の回復の力強さを背景に、2020年代の後半、具体的には早ければ2027年か2028年頃に、中国のGDP（ドルベース）が米国のGDPと並ぶのではないかとの見方が、ごく最近経済予測の専門家の間でなされるようになっているのです。

現在の米中両国は、グローバル化する経済の中に共にしっかりと組み込まれており、「世界の工場」とも言える中国の経済の発展には今後、大きな揺るぎが生じるとは思われません。

さらに言えば、中国は軍事力でも米国には未だ及ばないものの、彼我の差を徐々に埋めつつあります。また、国際安全保障、宇宙、サイバー、データ、地球環境、国際金融制度、経済協力といった、国際社会におけるシステムの運営（いわば、「国際公共財」の維持管理）においても、米国と並んで重要な役割を果たすようになりつつあるのです。

広大な国土と14億の人口を持つ中国は、国家としての安定度が高く、今後バブル経済の崩壊や天災人災等、種々の問題や困難に見舞われる可能性はありますが、長期的には超大国に向けて、さらに発展を続けていく可能性が高いのです。すなわち、米国から見ても、21世紀の中国は、20世紀後半のソ連や日本とは比べ物にならない、巨大かつ持続性のある超大国としての存在であり、また相手です。そのことに近年米国、さらには米国民が気付きだしたからこそ、特にここ数年、米国内、さらには米国の同盟国等における「中国脅威論」が高まっているものと思われます。

仮に今、中国が今の体制から脱して、「民主主義国家」になるとしても、中国の国力が米国を凌駕しようとするようになれば、両国の対立と緊張は不可欠なものとして起こるのではないか、と予想することもできます。

経済力の面での米中の立ち位置の変化は、軍事力を含む総合的な国力という意味においての両者の関係の交代を意味するものではなく、全体としてみれば米国が引き続き世界のリーダーとしての地位を占め続けるであろうが、いわば象徴的（シンボリック）なものとして、米国および国際社会に大きな動揺とインパクトを与えるものとなるでしょう。

中国、米国、さらには日本を含む国際社会は、このような予想される米中対立と緊張の高まりにどのように向かい合い、あるいはそれを避けるためにどのような対応策を取ればよいのでしょうか。

「賢者は歴史から学ぶ」という言葉がありますが、この覇権大国・米国と、新興大国・中国の関係を古代ギリシャのスパルタとアテネの争いになぞらえて、「ツキディデスの罠」の現代版とする見方が、ここ数年の間に良くされるようになりました。これは、オバマ大統領が2015年に米国で習近平主席と首脳会談をしたときに、急速な軍拡を進める中国に対して、ツキディデスの罠の話を引用したからだといわれます。これは報道されたからです。

自国中心の国際秩序の下で現状維持を望みたい大国スパルタと、台頭する海洋国家としてその増大する国力に相応しい地位を得て役割を果たそうとするアテネが、両国のパワーゲームの中で、お互い当初は望んでいなかったにもかかわらず、対立、そして永年に渉る戦争に巻き込まれていった、という歴史的事実です。

その経緯の中で一貫するテーマは、既存の大国スパルタの「焦り」と、新興する大国アテネの「驕り」であると見做されており、人間の心の弱さが、両国の間での対立と戦争を避けがたく宿命的なものとしたのではないか、とされているのです。これは日本でもかつてそういう時代がございました。日本の経済が好調であったとき、今からもう35年前ですけれども、日本が急伸する、そして米国がそれに対して不快な思いを持ったというときがございました。まさに焦りであり、日本も愚かなことに驕りを持った人がいたということであります。

いずれにしても新興中国がこれからも伸びていくのは必然で、その台頭を押さえ付けることはできません。その中国もいつかは穏やかな成熟期に入ることでしょう。アメリカも内向き傾向は強まるでしょうが、世界大国としての地位は当分の間は揺らぐことはないでしょう。それでも、バイデン大統領就任からこの数年間は、もしくは10年近くの間は、様々な憶測が飛び交い、葛藤が生ずるものと思います。この不安定な時期を何とか乗り切りさえすれば、いずれは落ち着いた米中関係になるのではないでしょうか。

しかし、この10年足らずの間を乗り切るためには、いくつかのことがなされるべきです。

(1)　まず、世界の、とりわけ大国の政治指導者には、何が何でも平和を守るという強い不動の決意を持って頂きたいと思います。

昨年9月、アメリカとロシアの核戦争で欧州のほとんどの都市が廃墟と化し甚大な人的被害をもたらす、という恐怖のビデオが公開されました。これはYoutubeでも見ることが出来たのですけれども、この研究はプリンストン大学のフランク・フォンヒッペル教授らの安全保障の研究者が作成したものです。我々日本人は、広島、長崎を経験しております。核戦争がいかに悲惨な結果をもたらすか、想像するのは難しいことではないのですが、欧米の人たちにとっては想像を絶するものだったのでしょう。大変な反響を呼びました。

大国間の衝突は、核戦争に至る可能性があることを忘れることはできません。

(2) その次に、世界の指導者は、現在の国際秩序を護持し、補強し、発展させることこそが、国際社会にとって正しい選択であるという確信をさらに強く持ち、力強く行動してもらいたいと思います。

第一次世界大戦と第二次世界大戦の、人類の未曽有の惨禍を経て、ようやく辿り着いたのが現在の国際秩序です。人類はこれ以上のものをまだ考え付いていません。日本と中国は、この国際秩序から最大の利益を受けた国であり、それを護持し発展させることは当然の責務です。アメリカやヨーロッパは、この国際秩序の創始者であり推進者でしたが、その仕組みやルールに不満を持ち始めています。開発途上国にも不満はあります。すべての国々を巻き込んで、現在の国際秩序を発展させ強化する時代となりました。日本と中国は、協力し合いながら、その先頭に立つべきです。アメリカとも協働するべきであり、バイデン政権になれば、アメリカもより積極的に取り組む可能性があります。この分野における協働作業の拡大は、米中関係にとっても必ずや良い効果を発揮することでしょう。

(3) 米中双方が、相手の国、社会、国民の思想信条や思考方法、意思決定方法等をより研究し、双方をより良く知ることが大事です。

歴史を紐解いても、国家間の大規模な対立や紛争、戦争等は、当事国双方が相手国の考え方や意思決定方法、国内の政治事情や背景等を知らないことによる、コミュニケーションギャップや誤解、判断の積み重ねから起こることが多いのです。

米国における中国研究、中国における米国研究はまだまだ不十分であり、研究者の交流の拡大等を深めるべきではないでしょうか。日本は中国の隣国として長い付き合いがあり、また米国の同盟国として米国とも深い関係にあるのですから、米中両国がお互いをよりよく理解する上で、側面的に手助けができるかもしれません。

さて、東京－北京フォーラムは、ここ数年、世界の動きに特に強い関心を払い、日本と中国は何をなすべきなのかについて議論してきたと伺っております。今回の第16回は、これまでにも増して、世界のために何を為すべきかを考えていただきたいと思います。米中関係の大きな変化が世界を揺り動かし、それに新型コロナウイルスの世界的蔓延が、これからの世界の不透明感を一層高めています。アメリカに新政権が登場するこの時をチャンスととらえ、世界を平和でより良いものとするために我々は知恵を絞るべきです。

世界のためになすべきことをアメリカも交えて積極的に取り組んでいくことを心掛けるべき

です。先ほど触れました現在の国際秩序の強化もその一つですが、それ以外にも環境問題や感染症対策など、国際社会として緊急に対処しなければならない問題は山積しています。日米中が協力できる分野は沢山あるのです。これらの協力を通じ、共通利益を拡大し、相互理解を深めることは米中関係のみならず、世界のために大変望ましいことです。

現在の米中関係において―このことはある程度日中関係にも当てはまるのですが―やはり信頼関係がなくなってしまったことが、事態の改善を著しく難しくしています。ある程度の信頼関係がないと、物事は前に進みません。米中ともに、信頼関係が低下してしまった原因を客観的、冷静に分析する必要があるのではないでしょうか。そのための対話を深めることはとても大事なことです。冷静な対話を通じて、相手の不信感を緩和し、除去するために何をすべきなのかについて米中両国が一刻も早く答えを見出すことを願って止みません。

習近平主席もお使いになった中国の古い言葉に「反聴、之を聡と謂い、内視、之を明と謂い、自勝、之を強と謂う（反聴之謂聡、内視之謂明、自勝之謂強）」（『史記』）というものがあります。他者の意見を聞き、自己を省み、セルフコントロールする度量を持ちなさい、ということです。トランプ大統領にも聞いてもらいたかった言葉です。

我々は米中の対立が深刻にならないように、「ツキディデスの罠」にはまらない道を探すしかないのです。もちろん米中自身が見つけなければならないのですが、信頼関係を回復させて「焦り」と「驕り」をそれぞれに抑制しながら、世界のために協働する米中関係を構築するのです。そのために、日本が全面的に応援することも極めて大事な方策となります。

米中を比較的よく理解し、米中と比較的しっかりした対話のチャンネルを持つ数少ない国の一つが日本です。日本が何もせずに拱手傍観していいということでは全くありません。ここは積極的に御節介をやいても良いのではないでしょうか。

言論ＮＰＯと中国国際出版集団の最近の日中共同世論調査の結果が発表されました。中国側は横ばいでしたが、日本側はさらに悪化し、「印象が良くない」の割合が９割近くとなりました。世論調査に一喜一憂する必要もないのですが、やはり気になります。日中関係の基礎は国民同士の関係にあるのであり、国民同士が理解し合い、信頼関係を深めることが、ますます重要になったと感じているからです。国民同士が直接交流し、身近に感じ合うことで相互理解が生まれ、そのことが信頼を育てます。そのためには幅広い分野における開かれた文化交流の必要性がさらに高まったと思います。そういうこともあるので、私どもは昨年10月、一般財団法人日本アジア共同体文化協力機構を立ち上げました。日中関係の相互理解をまず進めますが、これをアジア全体に広げていきたい、そして相互理解をさらに進めていきたいという考えであります。

東京－北京フォーラムにおいても、国民同士の相互理解をいかにして深化させるかについて、建設的な提案が出てくることを願っています。

第16回東京北京フォーラムが、これからの日中関係に対し積極的、建設的な提案を行い、両国関係を一歩前進させ、そのことを通じ世界に貢献することを願ってやみません。

（2020.11.30　第16回東京－北京フォーラム）

1-9　「アジアンパワー」を発揮させるボアオに期待

ボアオアジアフォーラム（以下、「ボアオ」）２０１８年年次総会は4月8日に幕を開けます。今回の年次総会は「開放・革新のアジア、繁栄・発展の世界」をテーマとし、「グローバル化と一帯一路」「開放のアジア」「イノベーション」「改革による再出発」という四つのセクションに分けられています。同フォーラムの関連テーマや将来における「ボアオ」メカニズムへの期待、それに中国の改革開放40年で収めた成果と経験について、以下のような愚見を少し述べさせていただきたいです。

地域の平和と安定に関わる「一帯一路」

２０１５年に開催された「ボアオ」は「アジアの新未来：運命共同体へ向けて」をテーマとしましたが、今年のテーマ「開放・革新のアジア、繁栄・発展の世界」はその精神をしっかりと受け継いでいます。「運命共同体」の構築、あるいは協力や開放などアジア諸国が共に直面する課題は、紛争がなくて全ての国が発展を遂げ、あらゆる人々が幸せな生活を送る世界を構築することだと思います。それは、人類共通の理想です。そういう理想を実現させるには、国のリーダーたちが政治的高みに立って将来を見通し、発展の方向を指し示し、最大限の努力をして実行に移さなければなりません。中国が提唱する人類運命共同体の構築は、まさにそういう考えに基づくものです。しかも、中国はそれを実現する能力も持っています。その理念の実現に向けて、世界各国に手を携えて共に努力してもらいたいです。

運命共同体の構築においては、共同発展・繁栄の実現が最も重要な課題となっています。そのため、中国が外交を含んださまざまな政策を打ち出し、自国の発展を遂げると同時に、地域内の他の国々の発展にも手助けになることを期待します。それはとても重要な課題です。

「グローバル化と一帯一路」は、間もなく幕を開ける2018年「ボアオ」フォーラムの重要な議題の一つです。「一帯一路」イニシアチブはかつてのシルクロードの延長線にあり、その内容をさらに充実させるものだから、関係国は歓迎すべきだと私は思います。ひいては世界にとって、「一帯一路」は経済や環境保護などの分野における対話と協調をもたらす契機にもなり、物資や人材、情報などの自由な流通を促すことが期待できます。それは単なる大きな経済圏のみならず、世界の平和と安定に関わる地域建設でもあります。こういった地域建設は始まったばかりで、その発展ぶりが世界各国に注目されています。そのような構想を推進して成功させるには、関係国が十分に協商しなければならないですし、それらの国々の利益に合致する構想でなければなりません。協商と共同発展に基づく面からすると、「一帯一路」イニシアチブと「運命共同体」の構想は似ていて、趣旨が一貫しています。そのため、アジア諸国は喜んで参加するのでしょう。各国が対話を通じて、他国に自分の考えと自国の困難をよく理解してもらった上で、お互いに最善を尽くして協力することを期待します。それは友達を作ることと一緒です。友達同士であっても利害関係があるのはもちろんですが、それを乗り越えてこそ、本当の友達になれます。

「一帯一路」はユーラシア大陸をまたぐ枠だから、日本の参加を忘れないで欲しいです。中国がいかにその構築をリードしていくのか、日本はとても大きな関心を寄せています。日本はその構想に参加してできる限りの協力を提供すべきだと私は思います。日本は非常に豊かな経験を持っているので、それを生かして構想の実現を手助けするのもいいのではないかと思います。「一帯一路」は将来の発展の可能性にあふれています。それに期待するとともに、今後アジア諸国が平和関係を維持する原動力にもなってほしいです。

「中国が世界に向けて開いた大きな扉」

2016年ボアオフォーラムにて講演する福田康夫

２０１８年の「ボアオ」は、私が理事長を務める最後のフォーラムでもあります。将来、このようなメカニズムの役割をよりよく発揮するためにどうすればいいのか、私は常に考えています。

「ボアオ」は最初、アジア諸国が集まって協商を通じて問題解決を図るために発足しました。その後、フォーラムの意義がしきりに変化・発

2016年ボアオフォーラムにて講演する福田康夫

2016年ボアオアジアフォーラム会場

2018年ボアオアジアフォーラムにて

展し続けてきました。今年で18回目になった「ボアオ」は、今では意見公開や意見交換のプラットフォームになりました。非常に大きな意義を持つ一方、中国と地域内の国々のグローバル化の発展を推進する役割も果たしました。それを実現するために並々ならぬ努力をしてきた中国に対し、私は感謝を表したいと思います。

しかも、中国にとって、この「ボアオ」は中国が世界に向けて開いた大きな扉でもあります。ここでは自由に意見を発表できます。現在、このようなメカニズムに日中韓を含む27のアジア諸国、オーストラリア、ニュージーランドが参加しており、北米経済圏とヨーロッパ経済領域よりも範囲が大きいため、「アジアパワー」は決して侮れない存在です。今後、「ボアオ」メカニズムを十分に活用するとともに、より多元的で効果的かつ世界的影響力のあるものに仕上げ、「アジアパワー」の十分な発揮を促進することが期待されます。

目下、米国によって実施された関税措置の保護貿易政策など、「反グローバリズム」が世界中で姿を見せています。それは国内問題の延長線にあるもの、あるいはそれがもたらした結果かもしれません。米国国内の政治に関して良し悪しはコメントしませんが、今の世界のトレンドと真逆であることは言うまでもないでしょう。米国にそれを意識して軌道修正してもらいたいです。われわれは今後、自分自身の考えを固め、引き続き世界各国と着実に協力していかなければなりません。こういった時期にこそ、アジア諸国は経済面における協力について、しっかりと相談し合うべきです。地域的な包括的経済連携（ＲＣＥＰ）協定締結の協商も進行中で、比較的早いうちに合意に達するのでしょう。要するに、対話と協商を進めることが最も大切です。対話を行わなければ、お互いの考え方を知る由もないでしょう。対話をしながら歩み寄ることがとても重要だと思います。

（原文は 2018.4.6『参考消息』に掲載）

1-10　疫病蔓延の困境を転換の機会に

２０２０年6月9日と10日、グローバルシンクタンク感染症対策協力クラウドフォーラムが北京で行われました。同フォーラムは「感染症対策の国際協力を強化し、人類運命共同体を構築する」をテーマに、48カ国と九つの国際機関から１６０人余りの専門家やメディア関係者がオンラインで、各国の団結と協力の強化、人類衛生健康共同体の構築について深く意見を交換しました。

現在、新型コロナウイルス感染症は世界中にまん延していますが、この事態がなければ、日本は1カ月後、オリンピック・パラリンピックというエキサイティングなスポーツイベントを世界に届けることができたでしょう。しかし、残念ながら今年は実現できません。今回の新型コロナウイルス感染症のパンデミックは、人類にとって感染症のまん延がいかに恐ろしいかを物語っています。これほど大規模かつ急速な感染拡大は、人類史上初めてのことでしょう。

ここ数年、この種の事態の発生率が高まる一方です。一つ目に、国際社会のグローバル化が絶えず進み、感染範囲の広さとスピードの速さが驚異的であることが挙げられます。二つ目に、地球温暖化による環境問題が挙げられます。近年では、温暖化で溶け始めたシベリアの永久凍土から3万年前の巨大ウイルスが見つかっているほか、アマゾンの熱帯雨林を伐採したことで発生した未知のウイルスもあります。

頻繁で大規模な感染拡大にどう対処すればいいのでしょうか。ワクチンや薬の開発に全力を尽くす世界中の医療関係者に心から感謝していますが、言うまでもなく、その中心的な課題は特効薬を見つけ出し、ワクチンを開発することであります。現在、世界規模で感染拡大の速度が非常に速いです。各国は国境を封鎖し、人と人との接触を制限していますが、それでもまん延を完全に抑えることは困難であります。各国が自国第一主義に走れば、関連問題の迅速な解決は難しいです。情報共有を含めた国際的な連携体制の構築が欠かせません。世界保健機関（ＷＨＯ）の役割に疑いの余地はなく、どの国も協力しなければなりません。

国際社会の協調が必要であるにもかかわらず、残念ながらその協力は十分に行われていません。信頼関係が築けていない国もあります。各国も独自に対応しています。率直に言いますと、協力することを拒み、非難と批判ばかりしている国があります。その結果、各国の不信は深まるでしょう。

国際社会のパンデミック対策における最大の問題は、この点にあると私は考えています。国によって状況は異なりますが、国際社会から見れば、このような現象は理解し難いことであります。世界のどの国にとっても、みんなで問題に直面しなければ、信頼できるパートナーになれません。人と人との関係と同じように、国と国の関係も交渉によって調整され、時には妥協し、すり合わせ、譲歩し合い、短期的には自分が損をしても、相互信頼関係を維持し、相互依存の意識を高めるというのが、人類運命共同体の核心理念であります。

今回の新型コロナウイルス感染症対策については、ＩＴやＡＩ技術の活躍が注目されています。感染拡大の対応だけでなく、犯罪や災害などへの備えも含めて、社会を安定させるためのツールであることは明らかです。われわれも関連技術をもっと向上させなければなりません。

ＩＴ技術を駆使して社会を守る発想はいいですが、一人ひとりの人間性を損なってはいけないと思います。人間は社会的動物であり、他者とつながって始めて社会を構成します。誰もが生きていく上で、自分の内面を維持していく必要があり、それは人間にとっても不可欠なことなのです。社会はある程度のプライバシーを許容しなければなりません。人間性が認められなければ、その社会から束縛されていると感じるようになります。今回のフォーラムを通じて、各国が感染症をチャンスに変え、国際社会の相互理解を深め、その持続的発展を推し進めていくことを切に願っております。

（2020.6.9 グローバルシンクタンク協力フォーラム）

1-11　米中の摩擦の中で

私たちは激しく変化する時代に生きていることは否定できません。

十年前の中国はまだ今のように世界経済で重要な役割を果たしていませんでした。十年たった今は、アメリカと中国は世界ツートップの経済大国です。中国は世界をリードする力を持ちました。皆さまがいかにこの十年間の変化を振り返るのでしょう。専門家たちはいかにこの十年間をとらえるか、そして国際情勢と国力の変化はいかに対外政策に影響を及ぼしているのかについて、どのように考えているでしょうか。

激変の時代が生んだ課題に直面している私たちは、現在そして未来の方向性に関する誤った判断を避けなければなりません。ここ十年の経験から、私は「誤った判断」が一番心配です。日本国内でも「世界は激しく変わっている」、とても複雑な国際情勢に面している」と繰り返して強調してきました。

この十年間、中国人は経済発展に全力を尽くして現在の国際的地位に上がりました。当然ながら、中国への関心は世界中でますます高まるにつれ、内包された中国の在り方などにつき、厳しい視線も浮き彫りになってきました。この状況に置かれた中国の一挙手一投足が日中関係の行き先にも時には大きな影響を及ぼします。

こうした中、日本はどのような役割を果たすべきか、どのような役を演じるべきかについて、我々も考えなければなりません。換言すれば、これは現在、我々が直面している時代の課題です。

日本は当面の米中間の軋轢に対する深い理解を持っています。その理由は、かつて日米両国の間にも貿易摩擦が起き、米中間でいま起こっているような状況や事態を経験しているからです。その時どきに私達は多いに悩み、苦労して交渉にあたりました。しかし同時に、私達はその交渉から多くの教訓を学んだことも事実です。

当時、米国と交渉した日本の官僚もいます。現在の中国の交渉官はどう米国と交渉するか、どのような心境なのか。米国との掛け合いを経験した日本の官僚たちは、五十年前からそれらの体験をし始めたのです。

日本がどのようにアメリカと交渉し、その形勢が有利か不利かについて、彼らが一番よく分かっています。日本は対米交渉を通じて譲歩を迫られることが多くありました。厳しい場面もありましたが、結局、それらの苦労は、日本の産業や社会が近代化し、国際化するための「産みの苦しみ」でもあったのです。

日本はこのような葛藤を繰り返すことによって、今ではアメリカやヨーロッパ諸国から近代国家として認められ、アジアの国ぐにからも友人として認められるようになりました。

日米間には１９７０年以来このような対立と摩擦が絶え間なくありました。しかしいまの日本の姿・かたちを見るときに必ずしも悪いことばかりではなかったと思っています。勿論困難のほうが多かったのです。とくに１９８５年のプラザ合意がなされたときは、対米交渉に取り組んだ日本の政治家や官僚は辛く苦しい経験をしました。

現在、中国が直面している課題は、その時の日本と同様です。当時の日本は官僚が産業界を支配する官僚国家で、株式会社（ジャパン・カンパニー）と悪口を言われ、日本は国体が一つの会社になってアメリカと競争をすると、アメリカは日本を批判していました。

現在、中国と交渉しているアメリカの言論を聞くときに、その頃の米国の対日論調をふと思い出すのです。

プラザ合意の締結以来、日米間では毎年、新たに生ずる貿易や経済に係わる交渉が行われてきました。簡単に解決できない問題もありましたが、これを放置するわけにいかず、実行可能な解決策を見つけなければなりませんでした。小さいと思われる問題であっても、これは世界経済の未来にかかわるかもしれないという大局観と責任感を持って当たってきました。

中国は今や世界二大国の一つとなったという認識に立って、責任感を他の国ぐにと共有しなければなりません。

日本の経験を振り返ると、対米交渉が日本社会を変革させる契機となったと見なすことができると思います。これは非常に辛い意思決定プロセスでした。なぜかというと、もし日本の政治家がうまく対応できなければ、日本社会にはかなりの混乱が広がり、製造業も農業も大打撃を受けるでしょう。そのような背景を踏まえ、私たちは日本の社会や産業のあり方を探り、変えるべきは果断に変える努力をしてきました。このように見ると、米国との交渉が日本に与えたものは、負の影響だけではないことがうかがわれます。

確かにアメリカからの要求は多いのですが、自国を米中貿易摩擦事件の被害者と見なさずに、逆にこの機会は中国のチャンスと考え、この機会を利用して問題を上手に処理しながら、未来への道を探り、中国経済の新たな成長の原動力を見いだすべきだと思います。この交渉が続く中、好機を逃さず、「危機」を「チャンス」に転じることを願っております。

勿論のこと、責任の半分は米国にあります。適当な対応策を立てることができなければ、今回の問題は世界に大きく影響しかねません。中国のような国すら期待に応える対応策を出せないとしたら、他の国の場合はどうしようもなく行き詰るでしょう。大国としての中国は諸国と協力してチャレンジに向き合い、「人類運命共同体」を構築するために具体的な第一歩を踏み出すべきだと思います。

私は、「人類運命共同体」の理念に全く賛同し、しかもこれが正に中国の将来の目標であるべきと考えております。この道は、中国だけでなく全世界に恩恵をもたらす道だと確信しております。中国の皆さまは、現在自分がこのような試練の場に立っていることを片時も忘れないでください。

国際情勢が激しく変化する中、前向きな姿勢で新局面に立ち向かうべきだと考えます。日本の歩んできた道を分析し、日本の経験を客観的に評価してくれればと思います。勿論、その中には完璧ではないところ、或いは失敗したところもあります。良いところ、悪いところの全体を見て、評価していただきたいと思います。

（2019.6.28　CCIEE 香港）

第2章　福田康夫の「日中観」――協働・互恵

2-1　ともに道を造り、ともに未来を創ろう！

1.　はじめに

本日、由緒あるここ北京大学において、中国の次の世代を担う皆さんの前でお話ができることを大変楽しみにしてきました。

北京大学は、中国における最高学府として、その教育水準は国際的にも高い評価を受けています。北京大学では数多くの日本からの留学生も学んでおり、また私の母校である早稲田大学と北京大学との間でも、長年にわたり活発な交流が行われていると聞き、大変嬉しく思います。後ほど詳しく述べたいと思いますが、私はこの機会に、明日の中国を支える皆さんにもっと日本を知って欲しい、日本について学んで欲しいとの願いから、北京大学における日本研究や対日交流強化のためのプランを提供したいと思います。

それでは、これから少々お時間をいただいて、日本と中国との関係について、日頃私が考えていることをお話ししたいと思います。

2. 今回訪中の狙い

今回、私が中国を訪れた目的は、昨年秋以来、力強い足取りで発展しつつある日中関係の基盤をより強く踏み固め、その関係を新しい段階に引き上げたい、そういうことにあります。「日中関係にとって、平和友好以外の選択肢はあり得ない」。この日中平和友好条約締結時の理念は、30年にわたる時を超えて日中友好の基本として息づいております。

日中平和友好条約の締結から時間が経ちましたが、日中両国は、政治、経済などの分野において、世界の主要国としての地位を占めるに至っています。歴史上、日中両国が共に、今ほどアジアや世界の安定と発展に貢献できる力を持ったことはないでしょう。

日中両国がこうした未曾有のチャンスに直面する中で、私が、今回の訪中を通じて中国のすべての皆さんにお伝えしたいのは、「日中両国は、アジア及び世界の良き未来を築き上げていく創造的パートナーたるべし」、という私の強い信念です。

今回の訪問に先立ち、東京で中国メディアの代表団の方々とお会いする機会がありました。その折に私は、日中関係に今再び春が訪れつつあるとお話ししました。私の目には、新しい日中関係を作りたいという「思い」の萌芽が、両国のそこかしこに見えているからです。

この度の私の中国訪問は迎春の旅です。中国では、「厳冬の梅花、桜花を伴って開く」と言

う と聞いています。今回の訪問を通じて梅の花を咲かせ、春爛漫の桜の頃に胡錦濤国家主席をお迎えできることを楽しみにしています。

3. かけがえのない日中関係

皆さんは、海を隔てた隣人であり、また、2000年の長きに及ぶ交流の歴史がある日本と中国の関係についてどのようにお考えでしょうか。温家宝総理は、本年4月の訪日の折、わが国の国会において、「歴史を鑑とすることを強調するのは、恨みを抱え続けるためではなく、歴史の教訓を銘記してよりよい未来を切り開いていくためだ」と仰いました。私は、この温総理の発言を厳粛な気持ちで受け止めました。長い歴史の中で、この様に不幸な時期があっても、これをしっかりと直視して、子孫に伝えていくことがわれわれの責務であると考えています。戦後、自由と民主の国として再生したわが国は、一貫して平和国家としての道を歩み、国際社会に協力してきたことを誇りに思っています。しかし、そうした誇りは、自らの過ちに対する反省と、被害者の気持ちを慮る謙虚さを伴ったものでなくてはならないと思います。過去をきちんと見据え、反省すべき点は反省する勇気と英知があって、はじめて将来に誤り無きを期すことが可能になると考えます。

同時に、日中の長い歴史を俯瞰するとき、より長い、長い、実り多い豊かな交流があったことを忘れてはならないと思います。

さて、歴史的な国交正常化から既に一世代が過ぎた日中両国の関係は、両国を取り巻く国際情勢の変化とも相俟って、大きな変貌を遂げております。そのような中、私たちは互いの関係をどのように捉え、どのように構築していくべきなのでしょうか。

中国では、1978年に改革開放政策に踏み出し、国内制度の大胆な改革と対外開放を積極的に推進してきました。2001年にはWTO加盟も実現し、今や世界第4位のGDP、世界第3位の貿易額を有する、国際経済の枢要なプレイヤーとなっています。その飛躍的な経済発展は、日本はもちろん、アジアや世界に大きな利益をもたらしています。また政治面においても、中国は国際社会において、従来以上にその存在感と影響力を高めており、地域や国際社会の諸課題に関心を持ち、行動し、発言をされています。

一方、我が国は、経済発展及び民生の向上に努力し、成果を挙げてきました。その過程において、長期にわたる経済成長期とバブル経済の崩壊を経験しましたが、日本経済の基礎には強固なものがあり、依然として米国に次ぐ経済規模を誇っています。また政治的にも、これまで以上に国際社会に対して自らの考えをはっきりと主張し、国際協力をより積極的に行っております。

日中両国は、それぞれの発展の過程で、互いに様々な交流や協力を深め、過去に例がないほど緊密な関係を築いています。総理として日中平和友好条約締結に携わった私の父・福田赳夫の言葉を借りれば、日中共同声明によって両国間に「吊り橋」が架けられ、日中平和友好条約によって「鉄橋」が作られたわけです。以来、この日中の架け橋を多くの両国国民が渡り続け、今や日中間の往来は年間5百万人近くにまで達しています。経済面においても、両国の貿易総額は年間2千億ドルを超え、日本は中国にとって最大の投資国となっています。来年は「日中青少年友好交流年」であり、ここ北京では待望のオリンピックも開催されます。このような日中交流の勢いをさらに加速させ、私は、日中平和友好条約の締結から30周年を迎える2008年を、日中関係飛躍元年にしたいと考えています。

4. 責任とチャンス

一方で、世界の潮流や時代の大局を踏まえた時、日中両国は互いの友好のみに安住する国であってはなりません。皆さんも実感しておられると思いますが、今や日中両国は、変化の著しいアジア地域そして世界全体の安定と発展の行方を左右する大きな存在となりました。世界中が私たちに注目し、また期待をしています。日中両国の将来は、協力か対立かといった問いかけではなく、如何に効果的に、かつ、責任ある形で協力するかを問われているのです。その意味で、「戦略的互恵関係」の構築という考えは、時代の流れが求めているものです。

時代の流れ、世界の潮流を見極めながら、日中両国は、互いの政治的、経済的重要性を真正面から見据え、地域や国際社会における諸課題の解決のために如何に協力できるかを議論すべき時が来ているのです。易経に「麗澤は兌なり」とあります。日中という二つの澤が周辺の地域に潤いをもたらすことになればよいと思います。

このように、日中両国がアジアや世界の安定と発展に貢献できる能力を持つに至ったことは、両国にとって大きなチャンスです。両国が多くの問題について共通の利益を有し、共有する目標、共通のルールが増えつつあることも、そのチャンスを活かす上で重要な変化と言えます。ＷＴＯのような国際経済のルールは言うまでもなく、透明性向上や説明責任遂行といった、いずれの政府にも課された国際的な義務を共に履行していければ、対話や協力は一層深まっていくはずです。

一方で、両国間には依然として克服すべき課題も存在しています。日中という大国同士の間において、全ての問題で考え方や立場が一致することはあり得ません。そうした相違点を冷静に議論し、共に対応していくことが不可欠です。しかし、現実には相互理解や相互信頼がまだ足りないことから、「何故相手は自分の気持ちを理解できないのか」と不満に思った経験を持つ方々は、日本にも中国にも数多くおられるでしょう。日中関係の歴史や様々な経緯、さらには、私たちを取り巻く国際情勢の大きな流れに思いを致さない大局観の欠如、或いは、折々の感情に流されて事を進める危険性についても、指摘しておかなければなりません。

こうした課題に直面して大切なことは、互いに真摯に話し合い、相互理解を深めつつ、違いは違いとして認め合いながら、ありのままの相手を理解するよう努めることです。「知るを知ると為し、知らざるを知らずと為す。これ知るなり」です。その上で両国に跨る共通の利益に目を向け、これを広げていくということではないでしょうか。双方が共有する目標を見失うことなく、共に解決の途を探っていく姿勢が重要だと思います。

5.「戦略的互恵関係」の三つの柱

互いがより対話を深められるという大きなチャンスを活かし、課題を克服するために、そして日中両国の大事な責任を共に果たすための関係が、「戦略的互恵関係」です。その核となる三つの柱、すなわち「互恵協力」、「国際貢献」、「相互理解・相互信頼」についてお話ししたいと思います。

(1)「互恵協力」

「戦略的互恵関係」の第一の柱は「互恵協力」です。

日中間の相互依存関係がますます深まりつつある現在、中国の順調な発展は、日本の発展にも大きく関わる問題です。この観点から、これまでの30年間、日本は中国の改革開放に向けた努力に対し、政府開発援助（ＯＤＡ）の供与をはじめ、官民あげて支援、協力してきました。さらに、中国のＷＴＯへの加盟についても、日本政府は早くからこれを支持しました。その背景には、日本国民の側においても、中国の改革開放の努力を支援することが、中国の将来のためのみならず、日本、ひいてはアジアや世界のためにも正しい選択であるという強い確信がありました。２００８年は改革開放政策30周年という記念すべき年であり、このような年に北京においてオリンピックが開催されることは、中国が新たな発展の段階に入ったという意味で、誠に象徴的なことです。私は、心からお祝いすると同時に、成功裡に開催されることを、改めて強く期待をしております。

一方、中国では、このたびの党大会でも指摘されているように、急速な発展の「陰」の部分も顕在化してきました。よく言われる環境の悪化、沿海都市と内陸部の格差の拡大などがその例としてあげられます。

環境をめぐる問題は、日本自身が１９７０年代に手痛い経験をしました。日本経済高度成長を遂げる中で、水俣病、イタイイタイ病、四日市喘息をはじめとする四大公害とも称した程の公害問題が発生し、深刻な社会問題となりました。ほぼ同時期にオイルショックにも襲われ、省エネルギーへの真剣な取り組みも余儀なくされました。

また、「社会主義国以上に社会主義的である」、といわれるほどの平等社会であったわが国ですが、最近ではグローバリゼーションが進む中でじわじわと格差問題が深刻化しています。

本日私は温家宝総理から、このような問題に対応するため、中国が現在推進している「科学的発展観」を貫徹する中での「和諧社会」の実現という目標に対する、強い決意を伺いました。今後、中国側と相談しながら、日本として、改革開放支援から「和諧社会」実現のための協力に軸足を移していきたいと考えます。そうすることにより中国が安定、発展することは、友人であり隣国である日本としても、とても喜ばしいことだからです。

その中で、とりわけ重要な分野は、環境・省エネ分野だと考えています。日本自身が経験した公害および、それへの対応など、私たちの成功と失敗の経験を、中国の皆さんの参考にしていただきたいと思います。いま、日本は、世界に誇り得る省エネ技術を持っております。私は、本日の首脳会談において、日中間での環境協力を推し進めるため、情報発信やネットワーキングを目的とした「日中環境情報プラザ」や「省エネ・環境協力相談センター」を中国国内に設置することを提案し、中国側からも賛同を得ました。また、3年間で1万人規模の環境・省エネ研修を行う考えであり、多くの中国の専門家や実務者を日本にお呼びし、我々の経験を共有して頂きたいと思います。

さて、互恵協力を発展させるためには、知的財産権保護の強化も必要であります。これは、決して日中「対立」のテーマではなく、両国の発展につながる日中「協力」のテーマです。とりわけ模倣品・海賊版対策の強化は、経済の健全な発展、市民の安全・安心確保の観点から、日中が協力して効果的に対応していかなければなりません。国際社会における責務を果たすためには、官民が連携してイニシアティブを発揮し、知財保護に前向きな国家としての姿勢を示すことが大切です。

先日、北京において、日中双方の関係閣僚による第1回日中ハイレベル経済対話が開催され、環境保護、知的財産権保護、さらには貿易、投資、国際経済などの分野での意義ある対話がなされました。互恵協力の精神の下で、こうした対話をさらに進めていきたいと考えており、今後、対話の中から、日中間の協力が一つひとつ具体化されていくことを強く期待します。

(2)「国際貢献」

「戦略的互恵関係」の第二の柱が、「国際貢献」です。

ヒト、モノ、カネ、情報など、あらゆるものが易々と国境を越える「ボーダーレスの時代」は、発展と連携のチャンスであるだけではなく、金融危機の連鎖や感染症の拡散など、様々なリスクをもたらすことを私たちは知っています。そこで日中両国政府は、手を携えてチャンスを拡大し、リスクを抑制しなければなりません。そのために両国は、狭い意味での日中関係だけを扱うことに埋没することなく、互いに視野を、両国関係の地平線の彼方に広げ、世界の潮流に沿った形でアジア、ひいては世界の安定と発展のために協力していく必要があります。ここで、私が考えるいくつかの問題を例示してみたいと思います。

まず、テロとの闘いについて申し上げます。昨日、パキスタンでブットー元首相が亡くなられました。テロ行為は如何なる理由によっても正当化されるものではなく、今回の卑劣なテロ行為を断固として非難すると共に、ブットー元首相をはじめ犠牲になられた方々に心からのお悔やみを申し上げます。テロとの闘いは、日中両国を含め国際社会にとって共通の課題です。こうした面でも日中の連携が一層進むことを希望しています。

次に気候変動の問題です。気候変動は、今や国際社会が直面する最も重要な課題です。私たちの子孫に対して、如何に誠実に責任を果たすかという問題でもあります。日中双方が相手の立場を理解した上で、責任ある主要国として協力しつつ、その解決に向けて最大限の努力を行っていくことが大切です。今や巨大な国際的プレイヤーである中国が、気候変動の国際的枠組に積極的に参加することが、この問題解決のために必要不可欠であることを改めて強調したいと思います。

また、北東アジアの平和と安全を考える時、喫緊の課題は北朝鮮をめぐる問題です。私たちは、最近の朝鮮半島の非核化プロセスにおける一定の進展を評価していますが、現在、このプロセスをさらに進めて、北東アジアの平和と安定をより確固としたものにし得るか否かの重要な岐路に立っております。また、この非核化の問題とともに、拉致やミサイル等の問題を解決し、不幸な過去を清算して、もって北朝鮮との関係を正常なものにしたいと考えています。私は、このために日朝対話を強化していく考えです。この関係で、六者会合の議長国として問題解決に向けて重要な役割を果たされている中国と、より緊密に連携・協力していきます。

さらに、国際社会の平和と安全に係る問題として、安保理を含む国連の改革も挙げられます。特に、戦後60年以上を経た国際社会の変遷にあわせる形で安保理を改革し、益々重くなるその役割を実効ある形で果たすようにすることは、国際社会全体にとっての課題です。この面でも是非対話を緊密にし、日中が協力して改革を進めたいと思っています。

アフリカは、引き続き厳しい現実に直面しています。サハラ以南のアフリカでは、疫病、栄養失調などが原因で、5歳の誕生日を迎えずに死んでしまう子供が1000人中166人にものぼります。来年5月、日本政府は、アフリカの開発のための戦略や具体的な施策について話し合うため、「元気なアフリカを目指して」を基本メッセージとし、横浜で第4回アフリカ開発会議（TICADⅣ）を開催します。

中国も、アフリカの大地における開発への取組について、対話を始められたと承知しています。そこで、日中がアフリカの持続的成長を助け、貧困から救うという共通の目標に向け共に行動し、相互協力することができれば、とても素晴らしいと思いますし、ぜひ実現したいと考えております。

私は、中国の皆さんとの、こうした共同作業を通じて、世界中で日中協力の大輪の花を咲かせたいと心から願っています。

（3）「相互理解・相互信頼」

最後の第三の柱は、「相互理解・相互信頼」です。

近い国同士であるからこそ、互いに何故相手は自分のことをよく分かってくれないのか、という苛立ちが生じがちです。互いを如何に理解すべきか、という基本的な認識が揺らいでいるようにも見えます。極めて短期間に大きな発展を遂げた中国に対して、日本側では、どのようにお付き合いすべきか心の準備ができていない面があります。一方、中国側でも、日本が、国際社会においてより大きな政治的役割を求めていることに対して、複雑な感情があるように見受けられます。

私たちは、改めて相互理解を深める努力が必要です。これは誰もが分かっていることですが、実践するとなると、なかなか容易なことではありません。相互理解を進めるには、まずは彼我の間の活発な交流が必要です。そして真の相互理解があってこそ、初めて相互信頼を打ち立てることができます。私は、三つの交流、すなわち、①青少年交流、②知的交流、③安全保障分野での交流、これらを強化していくことが、対話・理解・信頼という好循環を生み出す最善策であると考えています。

特に大切な交流の一つに、昨年から日中間で始まった大規模な青少年交流事業があります。

皆さんのような若い方々こそ未来の希望です。明日の日中関係を作るのは皆さんです。政治も経済も当然重要ですが、将来にわたり安定した日中関係を築いていくためには、今後50年、100年先といった長期的観点に立って、互いに理解を深め、互いの違いを尊重し、共に学び合っていく「人」を日中双方に育てることが大切です。そして「十年樹木、百年樹人」といわれるように、人を育てるには息の長い努力が必要です。

中国から日本に来た高校生たちは、皆口々に「想像していた日本と違う」、「新しい日本を発見した」と言って帰国していきます。自分の目で見、耳で聞き、体感することで、それまでの先入観や偏見が消え、日本に対する理解が深まったことは間違いありません。

これは、中国を訪問した日本の高校生にとっても同じことでしょう。ある日本の高校生の男の子は、中国におけるホームステイ先のホストファミリーとの思い出をこう語っています。

「とても楽しかったホームステイと学校交流を通して、中国の高校生も日本の高校生も同じだなあと思いました。とっても優しく、とっても賑やかで、この人たちが大人になって僕たちが大人になった頃、本当の意味での『世界平和』が訪れるのだと思います。このような機会を与えて下さった方々に、心から感謝したいです。」

日中間で知的交流を進めていくことも大切です。日中の若手研究者同士が、日中関係だけでなく、幅広く国際情勢について議論することは大いに意義のあることです。世界がどう動いているか、時代はどう変わりつつあるかを敏感に感じ取り、日中関係を方向付けていくという視点が大切です。日中が協力し、国際的視野に立った有識者を育成し、地域や国際社会の諸課題解決のために、共に貢献する人材を輩出していけば、日中両国は世界に誇り得るパートナーになれると信じています。

そのためにも、冒頭で申し上げたとおり、私は、明日の中国を支える皆さんにもっと日本を知って欲しい、日本について学んで欲しい。そのため、中国における高等教育の拠点との交流を進めていきたいと思います。まずは、本日講演の機会をいただいた、ここ北京大学における対日交流強化のためのささやかなプランを提案したいと思います。この「北京大学における福田プラン」、ささやかではありますが、具体的には次の三つの内容を考えています。

一つ目は、シンポジウムの実施です。今後2年間、国連改革、第三国援助、ＰＫＯ活動、環境・エネルギーといったグローバルな課題をテーマとして、北京大学研究者を日本に招聘し、シンポジウムを実施していきたいと考えています。

二つ目は、来年、北京大学の皆さんの中から１００名を、また付属高校から50名を日本にお呼びし、研修を実施します。

最後の三つ目は、日本研究センターにおける、集中講義支援を継続していきます。こうした対日交流強化のための「北京大学における福田プラン」を通じて、皆さんの中から一人でも多くの人が日本研究の道に進まれることを、心から期待しています。

安全保障分野の交流について言えば、先日初めての中国艦艇の日本訪問が実現したことは、日中両国にとって画期的な出来事であり、嬉しく思います。２００８年は日本の防衛大臣、海上自衛隊の艦艇が中国を訪れる番です。安全保障は国家存立の根幹であり、両国の国民感情にも直結する問題です。透明性を高めることを通じ、相互不信の芽を摘み、信頼醸成を育むことが求められます。そのためには、安全保障や防衛の分野で、日中の交流や対話を一層活発化させていく必要があります。

双方の防衛関係者が相手国の有識者、民間人とも接する機会を設け幅広い相互理解を促進することが重要であり、日中双方がその努力を行うことにつき首脳会談でも一致したところです。

6. アジアと世界の良き未来を創造するために

以上、日中両国の「戦略的互恵関係」の三つの柱についてお話しして参りましたが、総論と

2007年　北京大学講演

して私は、日中関係を世界の潮流・大義に沿って方向付け、未来を創造していくという姿勢が大切だと思っています。日中両国が国際社会に責任を持つ大国として、世界の大局を見据え、世界の期待に応えながら、「互恵協力」及び「国際貢献」に努めるならば、互いの立場の違いを乗り越え、「相互理解・相互信頼」を築くことは可能であり、そうすることで、アジアと世界の良き未来を共に創造していける、創造的パートナーたり得ると確信します。

創造的な仕事を日中両国が共同で行うことにより、世界中から頼りにされる関係を築き上げていく、そう考えると、大きな希望が湧き起こりませんか？ 違いをあげつらうのではなく、共に同じ目標に向かって、世界のために手を携えていく、日中両国はそんな真の友人でありたいと、心から願っております。

結びに

私は、これまで皆さんにお話しながら、改めて私たち政治家が果たすべき役割の重さ、そして皆さんの目前に広がる無限の可能性をひしひしと感じています。これからも、日本と中国との関係は必ずしも平坦な道ばかりではないかもしれません。

そのような時にこそ、私たち政治家は、双方で起こりがちな折々の感情的な言論に流されることなく、世界の潮流や大義に沿って、しっかりと日中関係を一歩、また一歩と、着実に前に進めていかなければならないと思います。アジアと世界の新しい未来を創造していく、その道筋を皆さんに残していくことが、私の政治家としての使命でもあると考えています。

日中両国は、単に利益・利害だけで結びついている存在ではありません。日中両国は長い交流の歴史を持つ隣国であり、互いの文化や伝統を共有し、その中で互いに拠って立つ基盤を共有してきました。例えば、日本が近代国家の歩みを始めた「明治維新」という言葉にしても、そのルーツを中国の古典に求めることができます。

また、本年、「文化・スポーツ交流年」を通じて繰り広げられた多くの交流活動が、双方の強い共感を生んだのも、両国に共通の基盤があるからではないでしょうか。

人権、法治、民主主義といった普遍的価値を共に追求することも重要です。一方で、私は日中両国に深く埋め込まれた共通の基盤、価値に思いを致すことも大切だと考えます。こうした思いを胸に、また両国国民に日中関係の特別な関係を思い起こしてもらいたいとの気持ちを抱きつつ、私は今回、曲阜を訪れます。

中国の偉大な作家であり、この北京大学で教鞭をとった魯迅は、かつて日本に留学し、そこで藤野先生をはじめとする多くの日本人と出会いました。このような出会いは、その後の中国の変化に大きな影響を与えたに違いありません。ちょうど、日中の高校生交流により、多くの若者が数え切れないほどの収穫を得たようです。

魯迅は、その作品『故郷』の中で、次のように書いています。「思うに希望とは地上の道のようなものである、もともと地上には道はない、歩く人が多くなれば、それが道になるのだ。」

皆さん、共に歩き、共に道を造り、共に私たちの未来を創り上げていこうではありませんか。

（2007.12.28　北京大学）

2-2　アジアの未来と日中の貢献

東京－北京フォーラムは日中両国間の民間対話の重要なチャンネルとして、両国の各層から高く評価されています。本フォーラムが、民間の立場から、混迷を深めていた日中両国の関係改善に、これまで真摯に取り組んでこられたことは敬服すべき共同事業と思います。

また、毎回実施される両国での相互イメージ調査は、メディアや学界でも取り上げられるなど、トレンドを知る上でのきわめて重要な資料となっており、調査の精度に関しましても、各界から高い評価を受けていると承知しております。

東京－北京フォーラムの第1回会合が開催されたのは、２００５年のことでありました。当時、日中関係は困難な時期にありました。

このとき私は閣外におりましたが、その前年の２００４年5月まで官房長官の職におりましたときは、日中関係のかじ取りをどうすべきか、それこそが最も大きな課題でした。

そして日中関係がようやく落ち着き始めたのが、２００６年10月の安倍首相の訪中によって「戦略的互恵関係」が確立されてからでありました。このときの関係改善に関しては、日本側もそうでしたが、胡錦濤国家主席を中心とする中国側首脳部の大きな決断なしに、それは不可能でした。

私が総理大臣に就任して3カ月後の２００７年12月末、予算編成直後に中国を公式訪問いたしました。そのさい私が最も重視したのは、その前年に打ち出された戦略的互恵関係の具体的な内容と方向性の確立でありました。ややもすれば内向きになりがちな従来の二国間関係中心の視点から、より巾広く、世界やアジア地域に貢献する日中関係にいかに方向転換させるか、それが最大のテーマでありました。

その訪問の際の北京大学での講演において、私は、「日中両国は、アジア及び世界の良き未来を築きあげていく創造的パートナーたるべし」と申しました。このときの考えは今でもまったく変わっていません。

この訪中のなかで、私が提起した戦略的互恵関係の内容は、概ね、次のようなものでした。

第1は互恵協力の強化であり、具体的には気候変動・エネルギー関連での研修交流等の実施、知的財産分野での協力、日本・米国の対中輸出促進等であります。

第2は交流・相互理解の促進です。安全保障交流の一環としては、日本の自衛隊艦艇の中国派遣、人民解放軍と自衛隊の青年幹部交流、民間交流の分野では4年間毎年4千人の青少年交流、中国人の日本への団体旅行のさいのビザの緩和、さらに青島（チンタオ）総領事館の開設等を提案いたしました。

第3は地域・国際社会における協力で、北朝鮮問題を中心とする核問題への連携強化、国連安保理改革への中国の協力等を要請いたしました。

第4は東シナ海資源開発問題の早期決着でありました。これらのうち、一部は未解決ですが、重要ないくつかの課題はすでに解決されたか、あるいは現在でも引き続き前向きに取り組まれております。

すなわち自衛隊の艦艇は2008年6月に中国に寄港いたしましたが、これは戦後日本が中国に派遣した最初の海上自衛隊の艦艇であります。

気候変動・エネルギー研修や青少年交流は現在も進行中でありますし、青島総領事館はすでに開設され、観光に関しては、団体ビザ緩和から現在では個人の観光ビザがさらに緩和されるようになりました。東シナ海資源開発問題も、その後しばらく停滞しておりましたが、最近再び交渉が開始されております。

これらはいずれも日中関係の将来を決める重要な事案であり、今後も継続的に取り組まれるべきテーマばかりであります。特に、自衛隊と人民解放軍の防衛交流や東シナ海問題は、両国民の相互イメージ形成にも最も大きな影響を与える要素だけに、積極的に取り組まれるべきだと考えます。

このように、日中関係は広がり、また深化しておりますが、今後はそれらをいかに制度化させ、有機的に関連させるか、そして何よりもいかに継続させるかでしょう。「継続は力」です。東京－北京フォーラムが今回の調査で行った結果を見ても、依然として相互不信の根は断ち切れていません。しかしながら両国で程度の違いはありますが、着実に相互イメージの改善が進んでいるように思えます。

例えば、今後の両国関係についての質問で、「良くなっていく」と「どちらかといえば良くなっていく」を合わせて、日本で40・6パーセント、中国で60・2パーセントあり、両国ともに、「悪くなっていく」と「どちらかといえば悪くなっていく」（日本11・4パーセント、中国5・1パーセント）を圧倒していることは非常に喜ばしいことであります。国家と民間の両者による、大局的で前向きな取り組みが、継続的に実施されることで、徐々にではありますが、こうした結果を作り出しているものと思います。

良好にして安定した日中関係・中日関係は、日本・中国にとっての利益であり、アジアのそして世界の利益であります。両国の関係は、これからもいろいろな風波を経験することでしょう。その時、何より大切なことは日中両国の政治のリーダーがそのような折々の風波にたじろぐことなく、またとかく移ろい易いそれぞれの国民感情におもねることなく、しっかりと前を見つめ、強い政治的意志をもってこれを乗り切っていくことです。

世界はいま、経済危機に直面しております。一時期、世界経済のグローバル化が大いに議論されたことはよかったのですが、一方で自由競争万能主義が過度にもてはやされました。しかし今ではその限界が明らかとなり、アメリカ経済もEU経済も厳しい局面に立たされています。わが国の経済も最近の円高、株安の同時進行に見られるように、苦しい局面に置かれています。わが国の政治も、御承知のように依然として難しい局面にあり、強力なリーダーシップを欠いたままで、誰もが期待している経済再生ができない状況にあります。

これに対して中国は、公表されたデータから見て、比較的順調な経済運営を行っているように思えます。もちろん内部に多くの問題を抱えていることは容易に想像されます。経済格差、住宅バブル、災害、雇用、環境等がそれであります。しかし中国は今年GDPで日本を抜いて世界第2位になることが確実視されるなど、今後とも成長のセンターとして世界の注目を集め続けることは間違いありません。

この点で、わが国の経験を少し申し上げたいと思います。

１９８０年代後半、日本は成長のピークに達した頃、「Japan as number one」などと云われ、さらには世界から脅威とも見られるほどになり、その間に驕りの感覚が目立つようになりました。それがバブル経済を生んだ背景です。90年代以後、バブル経済が崩壊してからすでに20年近く、依然として日本は十分に立ち直っていません。

私の尊敬する人物の一人に戦前アメリカのエール大学で教鞭をとっていた朝河貫一という人物がいます。彼は日露戦争の勝利に酔い、浮足立った日本に警鎖を鳴らすべく、１９０９年に出版した『日本之禍機』の中で、驕りは禁物で、自省の念をもった愛国心の重要性を説きました。しかし現実は朝河博士の危惧の通りとなり、日本は破局に向かったことは、ご案内の通りです。これはわが国の歴史からの教訓です。

中国はまさにいま大国への道を歩んでおりますが、そこでは軍事に依らず、平和で安定した、そして開放的な国際パワーになることが求められております。さらに申し上げれば米国、そして日本がそうであるように、大国はとかく国際社会から、いろいろ指弾を受ける宿命にあります。このことは中国についても同じです。自らの主張・立場を透明性をもって分かり易く、やわらかい言葉で国際社会に説明してゆくことが必要になります。中国がこのことについて今後とも上手に対応されることを期待しています。

このようなことを考えながら、私は今後の日中関係に関して、具体的に次のような三つの提案を行いたいと思います。

第一に、両国ともに長期的で大局的な観点に立って、お互いに譲るところは譲る精神をもつべきだということであります。もちろんお互いに主張すべきは主張すべきです。しかしお互いの主張だけであれば、折り合いをつけることが難しくなります。重要なことは、相手の心の痛みを傷つけあうことよりも、相手の痛みに心する想像力が必要だということです。世界にはいまだに紛争、戦争、恫喝が存在しますが、大きな潮流は話し合いによる解決であります。話し合いでの解決には譲り合いの精神が不可欠であり、その上でお互いに尊敬しあえる関係に嵩める努力が求められるのです。

第二に、日本と中国を単純に比較すべきではないということであります。確かにGDPは今年中国が日本を抜くでしょう。しかし中国の国土面積は日本の26倍、人口は10倍です。政治制度だけでなく、経済や社会のシステムや機能の仕方もかなり異なります。歴史観や様々な価値観でも異なるところが多くあります。日中を単純な統計上の数字だけで比較することに、どのような意味があるのでしょうか。それは両国民の感情のひだを刺激し、扇情的な議論を増幅させるだけのようにも思えます。この点において重要な思考は、日中が具体的にどのような分野で、いかに協力し合えるかであり、それがまさに戦略的互恵関係の発想の原点であります。第三に、まさにこの東京－北京フォーラムのような、非国家・非政府のつながりを拡大・深化させるべきだということであります。

さきほど申しあげたような青少年交流は今後もぜひとも続けるべきであります。これは時間がかかりますが、若い時代の記憶は必ず将来への布石となります。現実は、こうしたプログラムで両国を訪れた若者たちは、それが非常によい思い出として心に強く残ったことを熱く語っており、良い効果が早くも出ています。

日本と中国の関係は、ＧＤＰでいえば、今後も当分の間、世界第2位と世界第3位の関係であります。この構図はしばらく続くでしょう。この巨大な経済実体の2国が後ろ向きの関係を続けていたら、それは両国民にとってマイナスなだけではなく、アジアそして世界にとっても損失です。現在の経済危機の中で、日中両国はともに手を携え、この危機を少しでも改善の方向に先導することは、歴史的そして世界的な使命であり、責任です。そうした自覚が両国の政府と国民に求められています。

最後に、改めて第6回東京－北京フォーラムの開催をお祝いするとともに、今後とも本フォーラムが日中両国のみならず、アジアや世界を牽引するような、高いレベルの議論を展開してくださることを祈念して、私の基調講演の結びといたします。

（2010.8.30　第6回東京－北京フォーラム）

2-3　「不惑」の年を迎えた日中関係

～日中国交正常化40周年に際して～

上海国際問題研究院は、日本でも良く知られた著名な研究院で、これまで広範な分野において積極的な活動を行い、数々の業績をあげてこられました。このことに対して大きな敬意を表したいと思います。

早速本題に入ります。「不惑」の年を迎えた日中関係について所感を申し上げます。

1　今年は、本シンポジウムのタイトルにもありますように、日本と中国が国交正常化を果たしてから、丁度40年という節目の年に当たります。その間、当時、日本と中国それぞれの側でこの大事業の第一線にあった多くの先人たちは、今や、或は第一線を退かれ、或は黄泉の国に旅立たれました。そして、両国関係の最前線に立って活躍される方々のお顔も変わり、世代交代が進みました。

他方、その40年の間、日中、中日関係を受け継いだ人たちは、先人たちの高い志と大きな情熱をしっかりと受け継ぎ、両国関係の発展に力を尽くして来ました。

また、その間、中国においては、毛沢東氏の「自力更生」から、鄧小平氏の「改革・開放」へと国策の大きな変更があり、このことは、両国の関係を大きく発展させ、また、政治、経済、文化、学術、観光と幅広いものにしました。

この40年の間、日中貿易は３４０倍に増え、人の往来も５００倍以上に増えました。姉妹都市関係は３４０組を越えるまでになりました。今、日本で学ぶ中国の若者たちの数は9万人近くおり、これはアメリカで学ぶ中国の学生の数を上回るものとも言われています。また、中国では、とくに若い人たちの間で日本のアニメなど日本の文化に対する関心は大変高いものがあると伺っております。

他方、日本においても、中国の映画や京劇など中国の文化に対する人気は大変なもので、今日も東京では京劇「孫悟空」が上演されており、切符の入手が困難なくらいでした。また学校では、今では、中国語は英語に次いで「学習したい外国語」となりつつあります。
こうして、今や、両国関係は「あなたの中に私があり、私の中にあなたがある（你中有我、我中有你）」の関係に達したと言えます。

2　日中国交正常化40周年。孔子流に言えば、日中、中日関係は「不惑」の年を迎えたということになりましょうか。日中ともに惑わず、すなわち、日本も中国も心に惑うことなし、つまりは、両国は「大局を知り小局にとらわれる」ようなことはなくなった、ということでしょうか。

ところが、両国関係はいまお話したように大きく発展を遂げる中でも、なかなか「不惑」とは言えないような局面もままあることは、皆様方も良くご承知のとおりです。今なお、日中関係は折々の風波を経験する情況にあります。

私は、国交正常化40周年という節目の年に当たり、ここでいま一度、日中双方の先人たちが40年前、さまざまな困難を乗り越え、国交正常化を実現したその原点は何だったかということを思い起こしたいと思います。そうして、その後も、両国関係が時折、困難な局面に立ち至る中、先人たちが「正常化」の原点に立ち返り、知恵と勇気をもってその時々の困難を乗り越えて来たことを想起したいものだと思います。

日中、中日関係正常化の原点は何だったか、それは、日本と中国という世界の二つの大国が、安定した良好な友好協力関係を維持し、発展させてゆくことは、日本、中国の利益に沿うものであり、さらにはそのような両国の関係は、アジア、ひいては世界の平和と発展に大いに貢献する、という思いではなかったかと思います。だからこそ、国際社会、なかんずくアジアの国々は、そのような両国関係を大いに支持し、祝福したのだと思います。

故周恩来総理は、両国関係を上手に運用してゆくためのキーワードとして、よく「求大同、存小異」（小異を残して大同に就く）ということをおっしゃっておりました。その意味するところは、中国と日本は国の制度、社会の仕組み、歴史、文化が違う。中国人と日本人はモノの考え方も違う。しかし、両国はそのようなこと、すなわち「小異」に引きずられることなく、それを越えて「大同」に就く、すなわち「日中友好」、「日中協力」ということを最高の目標とし、大切にしたいということでありましょう。

世間でよく、冗談めかして「犬が尾っぽを振るのでなく、尾っぽが犬を振り回している」ということを申します。日本と中国の間においてはそのようなこと、すなわち「小異」が「大同」を振り回すことがあってはなりません。そうして、そのようなことにならないためにも大切なことは、両国関係に時折襲いかかる大波、小波に身を委ねる—これを大衆迎合、ポピュリズムと言います—そういうのでなく、安定して良好な日中、中日関係の維持、発展に向けての強い政治的意志とリーダーシップをもって事に当たるということだと思います。

日・中の間において議論は大いに結構であります。しかし、その際も先ずは、お互いに呼吸をととのえ、その上で粗野な言葉を慎み、堂々と議論する、そのような風格を私たちは身につけたいものだと思います。

3　東アジアにおける地域協力と日本・中国

今日の世界の流れを特徴づけることの一つとして「地域協力」ということがあります。この動きは、とくに北米、南米、欧州において顕著であることは、皆様つとにご承知のとおりです。私たちの東アジアにおいても、早くからＡＳＥＡＮ、或は、その延長線上にＡＳＥＡＮプラス３、或はプラス６などがあります。また、目を太平洋に転ずれば、ＡＰＥＣの世界も見えて来ます。最近では、長年懸案だった日中韓の間のＥＰＡ（経済連携協定）についても、具体化に向けて動き出したようです。

戦後、日本はその東アジアと「平和と繁栄を分かち合う良き隣人」たらんとして、いろいろ努力を重ねて参りました。そして、戦後、復興を成し遂げた後は、その持てる余力を、東アジアを中心とするアジアの経済発展、社会の安定に貢献するために、この地域に対するＯＤＡ（政府開発援助）などに振り向けて参りました。

また、新しい憲法の下、「専守防衛」ということを国防の柱に極力防衛費の抑制に努め、国防の姿、形も、「専守防衛」に沿ったものにして参りました。従って、日本は、おそろしい核兵器を持っているわけではなく、遠くまで飛んでゆけるようなミサイルや爆撃機を持っているわけでもありません。また、遠洋を航行できる航空母艦も保有しておりません。

ちなみに、日本は軍事大国への道を排し、持てる余力をアジアの平和と発展のために振り向けるという考え方は、１９７７年、私の父・福田赳夫が東南アジア歴訪の際、マニラにおいて表明した所謂「福田ドクトリン」と言われたスピーチを貫く考え方、すなわち軍事大国にならない、心と心のふれ合う付き合いをする、というもので、当時、東南アジアの国々から大いに歓迎され、今に至るまで、日本のアジア政策の基調となってきました。

そして、このような戦後日本の平和国家、世界に貢献する国家としての歩みについては、近年、中国の指導者の方々からも評価をいただくようになりました。

しかしながら、このような東アジアにおける大きな流れにもかかわらず、日中両国が協力してこの地域の協力を牽引しこの地域が本来持っている活力や潜在力を十分生かす、というレベルにまでは達していないことも事実です。むしろ、近年、そのような地域協力への動きの足をひっぱる情況さえ見られます。私はそのことを残念に思い、また大変心配もしています。その背景には、最近日中間で懸案となっているいくつかの外交上の問題があります。これら諸問題については、本来両国間で冷静に議論し解決していくべきところが、最近ではお互いが相手を指さし非難することにより、双方がさらに感情的な反応をするようになって、結果として負の連鎖（スパイラル）に繋がりかねない傾向があるような気もします。

両国は一衣帯水で繋がり、地理的、歴史的、社会的、文化的、経済的、そして政治的に深いつながりがあります。他方、両国間には政治体制や経済事情などの違いが存在し、常に折々の波風を経験することは避けられないことです。それにも関わらず、両国は個別の問題を二国間関係全般には影響させず、大局的観点から「戦略的互恵関係」を深化させることを何度も確認しながら、努力してきました。これからは、その意味することの重要性を考慮の上、さらに強化しなければなりません。

4　グローバリゼーションの中の日中関係、世界に貢献する日中関係

次に、「地域協力」を越えたグローバリゼーションの中での日本と中国の関係について私の考えているところをお話したいと思います。

今、よく言われるように世界はグローバリゼーションの真っ只中にあります。ヒト、モノ、カネが容易に国境を越え、情報が瞬時に世界の隅々にまで行き渡る時代になりました。このような「ボーダレスの時代」は、私たちにあらたな発展と連携のチャンスを与えるものです。もとより、これには様々な「負」の面もあります。

私たちの東アジアが、昨今の欧州における金融危機の影響を免れることが出来ないという一事がこのことを物語っています。

私は、総理大臣在任時代、２００７年にお国を訪問した折、北京大学における講演においてこのことにふれ、世界が狭くなり、「ボーダレスの時代」にある今、日本と中国は、狭い意味での日中、中日関係だけを扱うことに埋没してはいけない。共に手を携えてチャンスを拡大し、リスクを抑制する努力を行おう、共に視野を両国関係の地平線の彼方に広げ、世界の潮流に沿った形で、アジア、ひいては世界の安定と発展のために協力して行こう、と申し上げました。

そうして、そのための具体的テーマとして、テロとの闘い、気候変動の問題、北朝鮮をめぐる問題、国連改革、或はアフリカの貧困問題に対する日中共同の取組などを挙げました。これらは、いずれも道半ばでありますが、私はこのことを、すなわち「世界に貢献する日中、中日関係」ということを、強く訴えたいと思います。

最後に、日本で人気のある詩人、相田みつをの詩を皆様方に紹介して、私の話を終わりたいと思います。と申しますのも、この相田みつをの詩は、私たち日本と中国、さらには東アジアの今後のあり方について、大きな示唆を私たちに与えているような気がするからです。

うばい合えば足らぬ　わけ合えばあまる
うばい合えばあらそい　わけ合えばやすらぎ
うばい合えばにくしみ　わけ合えばよろこび
うばい合えば不満　わけ合えば感謝
うばい合えば戦争　わけ合えば平和
うばい合えば地獄　わけ合えば極楽

2012年　東京－北京フォーラムの中国側発起人の趙啓正と福田康夫

四川大地震の時に日本が寄せた、そして東日本大震災の時に中国から寄せられた暖かい友情と支援の輪は、日本の国民と中国の国民の間に流れる力強い潮流となり、そしてそれは「暖流」であることを示しました。私たちは、この両国国民の間の関係の基礎の上に立って、両国関係をさらに発展させ、さらには、歴史的な大きなチャンスに恵まれたアジアの発展と繁栄のために、共に力を尽くして行きたいと思います。

日中両国が善隣友好関係を育て、その上でアジア、ひいては世界の平和と安定、繁栄のために貢献してゆく、この流れは、我々の進むべき歴史の潮流であり、何びともこれを遮ることは出来ない。私はこのように固く信じております。

（2012.6.23　日中国交正常化40周年記念国際会議）

2-4　当面の危機の回避と環境整備に重点をおこう

単刀直入に申します。日中関係はなかなか安定せず、ここ5、6年はむしろ悪化していたからであります。〝暴風波浪警報〟というと言い過ぎかもしれません。だが、とにかくこの高波の中を良く乗り切って下さったと思います。

継続は力なり、です。

東京－北京フォーラムは、今や揺るぎない影響力のある日中の対話の場として確立いたしました。このフォーラムの強化につとめてこられた日中双方の関係者の皆様に対し、心から敬意を表したいと思います。

さて日中関係は、依然としてわれわれが重大な関心を払い続けざるを得ない状況にあります。

先般、杭州において開催されたＧ20首脳会議の機会に、安倍首相と習近平主席との間で首脳会談が行われ、私も一安心いたしました。日中関係も、これでようやく一息ついた、というところでしょうか。

やはり現在の日中関係は、両国首脳の明確なコミットメントがないと、なかなか前に進みにくい状態にあります。

言論ＮＰＯと中国国際出版集団が共同で行いました今年の世論調査の結果を見ましても、両国国民の相手国に対する好感度の改善はわずかであり、日本ではむしろ悪化しております。

それ故に両国首脳には、日中関係を前に進めるという決意を、しっかりと示していただかなければなりませんし、直接、引っ張って行っていただくことも必要です。

幸いなことに今回、両国首脳は、両国関係を改善させ、発展させることに明確に合意いたしました。これからは、この場にいる皆さんを含め、両国の知恵者の方々が、両国首脳の合意を具体化し、実のあるものにしていくアイディアを思う存分、出していただく段階に入りました。その皆様方の知恵を活かすためにも、両国の指導者には、その環境作りをしていただきたいと思います。やはり、静かな環境を作り上げ、国民がもう少し冷静な判断ができるようにしてほしいと言うことです。

そのためには、何よりもまず、現状をこれ以上、悪化させないでいただきたい。相手を必要以上に刺激したり、相手が対抗措置を執らなければならないような情況を作り出したりしない、ということです。つまり現状の凍結です。

お互いに自制し合うことは、弱いからそうするのではなく、賢いからそうするのです。決して自分の立場を放棄したり、相手の立場を認めたりすることにはなりません。むしろ、事態を沈静化させ、問題を解決する貴重な時間を得ることができるのです。

従って今しばらくは、問題の解決と言うよりも、当面の危機の回避と環境整備に重点を置くべきでしょう。両国首脳が危機管理メカニズムの早期構築に合意したことは正しい第一歩です。

ここでも再び賢者が知恵を出して、両国首脳の合意を早急に実現すべきです。さらに日中が互恵と相互補完の関係にあることを、具体的な協力を通じてより多くの国民に理解してもらうことも大事です。

やはり両国の国民の皆さんには、良好な日中関係は、お互いに大事だ、お互いに役に立つということを、もっと肌で感じてほしいと思います。親近感と信頼感の醸成です。

そのためにも安倍首相が習近平主席と話し合った「五つの協力分野」や「三つの共通課題」は、前向きの良い提案と思います。これらを両国の共同事業として実現していくことを通じ、両国の安定的な協力関係の必要性について理解が深まり、両国関係をさらに前に進めることができるでしょう。

来年は日中国交正常化45周年です。再来年は日中平和友好条約締結40周年です。この節目をきちんと認識して、今からしっかりと準備し、日中関係を確実に前進させるべきです。日中関係を前に進めようとするとき、それを眺める視点についての私の考え方を述べておきたいと思います。

昨年のこの会において私は、歴史から学ぶことの必要性と重要性を強調いたしました。そして、間違いを犯さないためにも、客観的、科学的に歴史を学び続けることがとても大事だということ、そして歴史的に物事をとらえることが、広く世界全体を考えながら、大局的な判断をするために必要不可欠であること、をお話ししました。

同時に広い視野も必要です。私は、長い間、ローマ・クラブの数多くの提言に強い関心を持ってきました。

1972年　今から40年以上前に出された『成長の限界』というローマ・クラブの報告書は、世界に衝撃を与えました。その基本認識は、「人類による地球、自然への負荷は、経済活動のあり方を変えない限り、地球が吸収できる限度を超えてしまう」というものです。

その主張に対する私の強い共感は、今でも変りません。

イギリスに生まれ、アメリカで活躍しているイアン・モリスという歴史学者がいます。彼は「人類5万年　文明の興亡」という東西文明を比較する大作を著しております。

イアン・モリスは、人類の5万年の歴史の中で五つの要件、すなわち「気候変動」、「飢饉」、「国家の失策」、「移住」および「疫病」、この五つがそろったときに、人類社会はつねに衰退してきたというのです。このことから、この5要件を「黙示録の五人の騎士」と名付けました。

「移住」とは多数の人が動くことですが、最近の欧州の状況を見ると少し悪い予感がします。

「疫病」は、今のところ押さえ込んでいますが、いつ、われわれの科学技術を打ち負かす病原菌や、新しい病が出てこないとも限りません。

「飢饉」は、現在も小規模で起こっています。世界の人口が増え続ければ、農業生産もさらに拡大しなければならないでしょう。それは自然のさらなる破壊であり、エネルギーのさらなる投入です。そうなると、そこで「気候変動」問題が登場してくるのです。

5万年という長期をとれば、「気候変動」は、地球の自転軸の傾きなどが原因と長らく考えられてきました。ところが今は、二酸化炭素、つまり炭酸ガス排出量の急増を主因とする地球温暖化が主たる原因ということになりました。

これは人類が自分で作り出した問題です。北極や南極の氷が溶けて海の水位が上がるだけではなく、シベリアの凍土に閉じ込められていた膨大なメタンガスが吹き出してくることになります。

身近なことを申せば、今月中旬に、台湾を襲ったスーパー台風は、風速80メートルに及んだと云われ、かつてなかった人間の生み出した自然の脅威を目の当りにしたばかりです。

昨年12月、国連気候変動枠組条約・第21回締約国会議（COP21）が開かれ、温室効果ガスのさらなる排出量の抑制を目的として、パリ協定が合意されました。

2021年11月25日福田ドクトリン記念碑除幕式（アジア学生文化会館内）

ここに至るまでの中国と米国の積極的貢献は、特筆に値します。世界の二酸化炭素の排出量の4割強を占める米中がその責任に見合った貢献を決意されたことを、私は高く評価します。

そこで、日中両国は、地球温暖化はもとより、地球的視野に立った幅広い環境・省エネ分野での協力にさらに力を入れるべきです。そして両国が共同で技術や手法を開発し発展させ、単に日中の問題に留まらず、広く世界の問題の解決に貢献する役割を果すべきです。

私は、東京北京フォーラムが、こういう視点に立って環境・省エネ問題に集中して、この問題を恒常的に取り上げる仕組みをつくることを提案します。

１９７７年に、私の父、福田赳夫は、後に「福田ドクトリン」と呼ばれる演説をフィリピンのマニラで行いました。その中で、次のように述べております。

「過去の歴史をみれば、経済的な大国は、常に同時に軍事的な大国でもありました。しかし、我が国は、諸外国国民の公正と信義を信頼して、その安全と生存保持しようという、歴史上嘗て例を見ない理想を掲げ、軍事大国への道は選ばないことを決意いたしました。そして、核兵器を作る経済的、技術的能力を持ちながらも、かかる兵器を持つことをあえて拒否しているのです。

これは、史上類例を見ない実験への挑戦です。

我が国は、近隣のいずれの国に対しても、他国を脅かすような存在ではなく、その持てる力を専ら国の内外における平和的な建設と繁栄のために向けようと志す国柄であること。われわれは、このような日本の在り方こそが、世界における安定勢力として、世界の平和、安定及び発展に貢献しうる道であると確信いたします。

今日、人々は協調と連帯以外に生きる道のない時代に生きております。人間は一人で生きていくわけにはまいりません。

同じように、相互依存の度をますます強めている今日の国際社会においては、いずれの国も一国の力だけで生存することは、もはや、不可能です。すべての国は、国際社会の中で、互いに助け合い、補い合い、責任を分かち合い、そして世界全体が良くなる、その中で自国の繁栄をはからなければなりません。」

以上、少し長く引用いたしました。私は、今の時代においても、この考え方は十分、通用するものと思います。むしろ、この考え方を貫ける国際環境を作り出すのが、今の時代のわれわれの責務だと考えております。

またこの考えは、中国が経済的にも、軍事的にも世界大国となった今日、中国の皆さんにもご理解をいただきたい、そしてご賛同をいただけるものと思います。

日中が、基本的な考え方を共有することで、東アジアに必ずや平和と安定、そして友好がもたらされることになるでしょう。

最後に、第12回東京北京フォーラムが、日中の議論をそういう方向に導く嚆矢となってほしいものだと考えております。

日中の全ての国民が明るい未来に向けて楽観的な希望が持てるような、そういう建設的な結論が出るようなものにしていただきたいと切に願っております。

（2016.9.27　第12回東京・北京フォーラム）

2-5　日中国交正常化45周年記念

日中関係、特に東アジアのことを考えますと、変化が実に激しい。いま東アジアで皆さんが注目しているのは北朝鮮問題だと思います。しかしこの話は現役の政治家にお任せしておいた方がよろしいでしょう。この話を始めますとキリがありませんから、今日は触れません。

本日は、程永華、駐日全権中国大使も来ておられます。かつて１９８０年代にアメリカのハワード・ベーカー氏は駐日大使を4年近くの、長期にわたって務めましたが、程永華大使は、そのベーカー駐日大使の記録を毎年更新しすでに7年9カ月になります。このことは、日米関係と同じように、今日、日中関係が枢要な意味を持っているということを象徴しているように思えます。

さて、私は先般中国に行き、終了したばかりの中国共産党第19回党大会の内容につき勉強して参りました。今回の党大会の最大のホットニュースは何なのか、この問題に関心を持っていました。

つめていえばそれは、習近平国家主席がいまや中国の政治的権限を掌握されたと思います。これまでの政治リーダーが、軍をどれだけ掌握していたのか、わからないが、先般の中国人民解放軍のパレードに、習近平国家主席も出席されました。そして習主席は、単に政治領域で権限を掌握しているだけでなく、軍事領域でもまた掌握していることを内外に印象づけた、と私は思います。

国家主席が軍に対して全権を握って良いのか、逆にそれは危険ではないのかと考える人もいます。しかし私は、逆にこれで一安心だと思いました。なぜなら、今まで中国人民解放軍はいったい誰の命令で動くのか、一人歩きしているのではないか、そういう危惧を抱かせるところがありました。しかしその懸念がようやく払拭された。そういう感じがいたしました。ですから、若干皮肉交じりに私は、中国の方に対して「これで中国も政治が軍を掌握する体制が確立しましたね。これは大変な進歩ですよ」と言ったこともあります。それが、今回の19党大会の重要部分だと思います。

その党大会で、主席は素晴らしいことを言っておられた。これまでも似たようなことはおっしゃっていたけれども、今回はすべての権限が国家主席に集中し、掌握される、と理解されます。そのために主席がすべての政策を実行できる体制を固めたということです。その新しい政治主導体制を、誇り高らかに謳い上げたのが、大会で習国家主席の3時間に亘るスピーチの核心です。そう思いました。これは大変いいことです。

よく日本人は、「中国の独裁体制が強化されたのではないか」と心配するのですが、習主席は、今回こういうことを言っていますね。これから日中間を含め、すべての国と「相互協力互恵の新型国際関係を構築していく」と。

これは要するに、相互協力を進めていくということです。互いに互いを尊重し、公平と正義を守る。今までも目指してきたけれども、これから本格的に相互協力と法治主義を進めていくという感じがしました。これは一朝一夕に実現できるような話ではなく、多少時間はかかるかも知れないけれども、そうしたことを目指してやると言われた。しかも主席は、それを自信を持っておっしゃったわけです。

もっとも私自身、党大会会場でスピーチを直接聞いていた訳ではありませんし、どんなお顔をして主席がそうしたことを言われ、大会会場がどんな雰囲気であったのか分かりません。本日のこの後講演される予定で、そこに座っておられる宮本雄二元中国大使が、実際に党大会会場に列席しておられましたので、この後の大使の御講演でお話しいただけると思います。

だから我々は、その習主席の言葉を信じていかなければいけない。そして将来、中国がその趣旨に違えることがあれば、我々は堂々と主席に申し上げなければいけない。「それはちょっと違うのではないですか」と。そう申し上げる根拠ができたのではないか。そんな思いをいたしました。まあ素晴らしいことが今起こりつつあるのではないかと思います。

そうした意味で本日は、東アジアにおける関係協力がテーマでシンポジウムが開かれていますが、この東アジアの相互協力、互恵協力といったことが現実のものとなり、これからいろいろと反映されていくだろう。中国はそれに向かって協力を惜しまない、こういうメッセージが投げかけられています。いよいよ、ですね。今まで我々はそういうことを目指してきましたが、ようやくそれが実現可能な状況がつくられた、という思いを強くしています。確かに北朝鮮問題が気になりますけれども、しかし現実にはそうした相互協力と互恵協力の時期が来ている。北朝鮮問題もおそらくその文脈の中で考えていかなくてはならない。そのために日中両国が力を結集する時が来たと感じています。

だから、お互いによく話し合い、相互の理解の上にこの地域の平和と安定をつくり上げることを目指していきたいという思いを新たにした次第です。

中国について申し上げますと、中国の動向を皆さん一様に注目しているわけです。実際、中国の動向を無視して、日本も世界も、事態を理解できなくなっています。

しかも中国は、経済のスピードが無茶苦茶に速い。２００５年に日本の半分しかなかったGDPは、２０１０年に日本と同じになり、今年２０１８年には日本の3倍近くになっています。これほどの急速なスピードです。まさに新幹線並みのスピードです。

日本は国土面積が小さいという違いを勘案しても、決して日本の動きは早くない。中国と違って日本は民主主義国家だから遅いのだという言い訳もできましょう。しかし、たとえそうであっても、中国経済は、それぐらいのスピードで進展し展開しているのです。

これらの点を考えますと、中国という国は、単に規模のレベルだけでなく、科学技術のレベルでも非常に早いスピードで進歩を遂げていると思います。

確かに経済のスピードが速い時には、必ずバランスが崩れるものです。例えば、国民全体の生活がそのスピードで改善されているのかと云うと、なかなかそうはいきません。当然遅れてくるところもあります。その遅れを一つひとつ直していかなければいけない。その課題こそが、これからの習主席体制に課せられた大きな仕事だと思います。

習体制第2期目の目標が今年から始まりますが、今後5年でどこまでそれを実現できるのか、習体制の真価が問われます。

言葉を変えるなら、あらゆる部門がバランス良く順調に発展していくには、当然のことながら時間がかかります。決してすべてが任期の5年間でできるものではありません。だから、そのことをあまり期待しすぎてはいけない。しかし、そうした方向に中国は一歩一歩前進し、また、そのために努力をしているという点に我々も大いに共鳴し、その中国に協力を惜しむべきではないか。

ご承知のように、中国の問題部分の一つに環境分野があります。

本日のシンポジウムの第一部に基調講演でも第二部の討論会でも、すでに環境エネルギー分野での日中相互協力についてお話しがあったと思います。基調講演者のおひとり、自然エネルギー財団の末吉竹二郎さんは、私が10年前に総理をしていた時に地球環境問題で、西村六善環境大使とともに、大いに助けて下さった方です。この方々のおかげで、10年前の洞爺湖サミットは、国際的に極めて高い評価をいただきました。国内的には十分評価されたかどうか分かりませんけれども（笑）、国際的にはこれまでの数あるサミットの中でも、2番か3番ぐらいの現実的かつ先進的な内容の首脳会議でした。

10年前を思い起こすとほんとうに懐かしいことです。胡錦濤さんが日本に来られたときには、いろいろ話し合いました。胡錦濤さんのお出しになった環境問題に関する提案に対して、私の意見を申し上げました。当時の中国の環境レベルというのはまだ非常に悪かった。しかしそれ以後、この10年の間に物凄い勢いで改善されました。洞爺湖サミットは、そのきっかけになったと自負しております。

今日も中国は環境問題克服のために様々な対策を考えておられるようであります。

北京遷都構想もその中の一つでしょうか。（会場から「遷都をおすすめします」の声あり）。私にはよく分かりませんが、今、中国は全力を挙げて環境問題改善に取り組んでいる証左の一つです。我々としても大いに協力できるし、また、参考にすべきことも数多くあると思います。

いずれにしても日中両国が互いに協力することが、東アジアの安定のために極めて大きい要素となりますので、皆様方にも色々とお考えいただき、相互協力の方向を見出して欲しいと思っています。

今日お集まりの皆様方は、そうした気持ちをお持ちの方々ばかりだと思いますけれども、ぜひ私からもこのことをお願いします。

（2018.2.23　国際アジア会議）

2-6　共鳴・共創・共栄へ

本日、中国社会科学院、復旦大学、中華日本学会が主催して、「中日平和友好条約締結40周年記念並びに新型国際関係と人類運命共同体の構築を共に推し進める」をテーマにシンポジウムが開催されたことを、ありがたく思います。

本シンポジウムが日本や中国について、また、アジアや国際社会の課題について、自由闊達な研究、討議交流の場となり、日中両国の間の相互理解を深める上での大きな拠点となることを期待しております。

本席には、日本から学界の重鎮、或いは、現役で活躍中の方々、また、現役の外交官、外交官ＯＢの方々がお招きを受けて参席しております。この方たちも、今回の意義深いシンポジウムで提起された問題の解決や提案の実現に向けて、存分の協力をさせていただく気持ちかと存じます。

私は、昨今、中国が経済・政治の両面において国際社会に大きな地歩を築きつつある状況を見ながら、改めて流動化する世界の状況が大きな変わり目に来ていることを実感します。

経済の面では、今年は、日・中・韓、三国の経済規模を足し合わせると米国のそれを凌駕することは確実です。このことに大きく寄与しているのは、言うまでもなく中国経済の、目を見張るような発展です。

この事実だけをとっても、私達の東アジアは、欧米と並んで、世界経済の発展、世界秩序の形成の上で大きな柱となり、また、これをリードしていく時代が既に始まっているのです。

私達のまだ若い頃、東アジアの経済発展についてはよく「雁行形態」の発展ということが言われたものです。空を隊列を組んで飛翔する雁の群れ、先頭に日本が居て隊列を率い、次いで韓国、シンガポールといったところがこれに続き、中国とＡＳＥＡＮの国々がこれを追いかける。

ところが近年は、中国がその群から飛び抜けて先行し、他の雁たちも従来の隊列から飛び出て、自由に飛び回るといった光景になりました。

私は、かつて総理大臣在職中、中国訪問の折、あるところで揮毫を求められ、日中関係は「共創」（共に創造する）の時代に入ったということを書き記しました。すなわち、東アジアの中でも、特に日中・中日の経済や、科学や技術といった分野においては、お互いに強いところ弱いところを認め合い、互いに認識し、相手の強いところを取り入れながら、共に汗をかき、更なる発展を目指すということです。

そうであるならば「科学」の分野であっても、もっと日中の間の共同研究があってよいと思います。そして、これに韓国を加えて、これら三国の間でもっと積極的な知的交流、知的連帯があってよいと思うのですが、いかがでしょうか。

このことを東アジアの世界に広げて言うならば、日中韓、ＡＳＥＡＮ、など東アジアの経済発展を通底するキャッチフレーズは「共鳴、共創、共栄」と言えるのかもしれません。或いはこれを「相互協力」と言い換えることもできるのではないでしょうか。すなわち、お互いに強いところ、足らざるところを認識し合い、その上で相互に刺激し合い（共鳴）、お互いに有無相通じ合い、共に協力し合いながら汗をかき、一段と高いところを目指す（共創）。そうして、共に栄える（共栄）の世界を目指すということです。

ところが、東アジアでは、日本と中国の関係一つ取ってみても、時として「政治的な問題」がこれを邪魔して、必ずしもそのような世界を描けていません。しかし、日本と中国の間においてもテーマは幾らでもあります。よく言われるのは、環境エネルギー問題、或いは、東アジアの経済インフラ構築を目指す日中共同としての取組み、或いは、高齢化社会への対応についてお互いに知見を交換し合い、アジアらしい知恵を出し合う、そして、昨今の話題としては北

2018年6月24日　上海錦江飯店にて
「日中平和友好条約締結40周年記念会場にて」

2018年6月23日　復旦大学にて「外交と人生・八人談」会場

朝鮮問題への取り組みといったことがありましょう。北朝鮮問題も相互協力と互恵で考えなければなりません。そのために、日中両国が力を結集する時が来たと感じています。

近年、中国の環境問題は大幅に改善されたということで慶賀に耐えません。ただ、残念ながら、ここにおいても、中国、ひいては東アジアの自然環境の改善に向けて、日本と中国の大掛かりで国際的にも見えるような日中協力の姿が見えて来ないのです。

日本も中国も、まごうことなき世界の大国です。もとより、日本と中国関係において両国間の貿易、投資といった狭い意味での日中、中日関係への取組み、これも大切ではないとは申しませんが、これを両国が共に視野を世界に広げ、お互いに胸襟を開いて、アジア、世界の中の日中、中日関係という視点から、いろいろと協力関係を展開したいものだと思います。

私は、昨今の不安定で混迷を深めたように見える世界情勢を見るにつけ、世界の中で、安定した勢力圏を少しでも増加させたい。このことに日中両国は、もっと力を合わせることができないか、と常々考えております。

ここ14、5年の間、日中関係、特に政治、外交の面では大きな波を被りました。両国間の首脳の往来も長きにわたって中断されました。しかし、ここへ来て、両国の関係者の方々や強い政治的意志に助けられて、皆様もご存知の通り、そのような好ましくない関係は大きく改善の方向にあります。

先月の東京における日中韓三国の首脳会議、そして、それに続いて行われた李克強総理の日本への公式訪問は大きな成果をもたらしました。日中両国は、第三国で、両国の民間企業同志が大いに協力し合おうということで、そのための覚書が署名されました。その他、両国の協力に係る多くの協定が署名されました。中でも、長年の懸案だった両国の国防当局間の海空連絡メカニズムの覚書が署名に至ったことは大変良かったと思っています。この覚書は、今月すでに発効運用の開始の運びとなりました。

年内には安倍総理の訪中も計画されており、これが将来の習近平国家主席の訪日へと繋がり、両国関係が再び好循環を取り戻すきっかけとなることを期待しています。

そんな中にあって残念なのは、いろいろな世論調査の結果を見ても、日本人、中国人それぞれの相手国に対する国民感情は、依然として、とても満足できるレベルには達してはいないということです。

それでも勇気づけられることもあります。その第一は、これは中国の方たちについてですが、中国の有識者レベルになると、日本に対する好感度は64パーセントと、一般の人たちと比較してグンと上がるということです。

第二は、日本の側も、中国の側も、お互いに相手方に厳しい感情を持ちながらも、日中両国それぞれ7割を超える大多数の人たちが、「日中関係、中日関係はそれぞれの対外関係において極めて重要な関係である」と認識しているということです。

第三に、中国から日本を訪れる人たちの数は、引き続き増加の傾向にあるということです。他方、日本人が中国を訪れる数は、必ずしもそうはなっていませんが、これは何も中国だからということではなく、近年における日本人の内向き志向に依るものと考えます。

日本にいらっしゃる中国の人たちは、ひと頃の「爆買い」は影を潜め、それに代って、買い物は二の次、三の次にして、先ずは日本のいろいろなところに足を延ばして、日本の風物、文化を楽しむ。実際に和服などをレンタルして、これを着込んで、日本の街を歩いてみる、こんな風に変わってきました。何度も日本を目指すリピーターも多いと聞きます。このことは、実際の体験を通じて日本の理解を深めていただく上で大変に良いことだと、私も喜んでいます。日本の商品が優れているからといっても、今や、これに劣らない優れた中国製の商品がご当地上海のデパートで、或いは、ネット通販でどんどん手に入るようになったのですから。

日本政府も、そのような中国の方々の日本への関心の高さに応えるべく、中国の人たちの日本への旅行に際してのビザ手続きの緩和を進めております。「交流」があってこそ「相互理解」

が深まり、「互恵」が始まるのです。

国民同士の理解をさらに深めるためにはどうしたらよいでしょうか。私は東アジアにおいて、異なる者同士による「共創」という目標実現のための文化交流のプラットフォーム（拠点）を作りたいと思います。ここで言う「文化」は、音楽・絵画・書道などの芸術文化だけでなく、スポーツ、食文化、アニメをはじめ、学術、技術、企業経営など、幅広い分野を網羅し、関係する人々が自由かつ創造的な相互交流を促進する仕組みです。その活動の中から、異なるもの同士が相互理解、信頼、尊敬を育み、敬意を持って相和することにより得、新たな価値と心の絆を育むことを目標とするものです。

国を守るにはハード面での備え、すなわち、戦闘機、戦艦、さらにはミサイルといったものも必要でしょうが、外国との関係においては、それ以上に重要なのは彼我の間、特に、近隣諸国との間の信頼関係であり、それに加えて、それぞれの国における経済、自然災害、社会保障などの諸政策とそれを可能にする政治体制と政治の安定―いわゆる「総合安全保障」の考え方ですが―この方がより大事であると思います。

私は習近平主席の「人類運命共同体」の構築は、この東アジアの安定を作り出すために極めて重要な指針を包含していると思います。

即ち、いかなる国にとっても脅威とならず、永遠に覇を唱えず、拡張しない、という具体方針は、公平・正義に基づく互恵協力を進める新型国際関係の構築と相俟って、この地域に共鳴・共創・共栄の世界を実現する原動力になることを確信いたします。

このシンポジウムでは両国の、そしてアジアの新しい時代（和合東亜）を生み出す起爆剤となっていただきたいと願います。

（2018.6.24　日中平和友好条約締結40周年記念並びに新型国際関係と人類運命共同体の構築を共に推し進める国際学術シンポジウム）

2-7　「ともに歩む」時代の到来

私は40年前、鄧小平さんが副主席として訪日され、当時総理大臣だった父・福田赳夫と抱き合って喜ぶ場面をこの目で見た。鄧小平さんはどちらかといえば小柄で、私の父もそう大きくはないのだが、父はあたかも新たな時代を開く大きな扉に抱きついているようで、あたかもこの瞬間を１００年も待ち望んでいたような印象を私に与えた。鄧小平さんもおそらく、この時が来るのを待ち望んでいたことだろう。

当時の中国経済はよちよち歩きの段階で、経済規模にしても日本の１００分の１にも満たなかったと思うが、40年経った今は、日本経済の３倍、実に日本国三つ分の経済規模にまで成長した。たった40年と思われるかもしれないが、非常に大きな意味を持つ、非常に変化のあった40年であったと思う。

昨年の国交回復45周年、今年の平和友好条約締結40周年という節目に際し、多くの両国政府や民間人はこの2年間に日中関係を何とかきちんとした軌道に乗せようという思いをもって過ごしてきた結果、大変前向きな状況が今、出来上がっている。中国は特に今年になってから、日本に対し大変な関心を持ってくださるようになったと実感する。この2年、私は何度か中国を訪問したが、その都度今までと違う雰囲気を感じた。前回の訪中では中国の４大大学の一つである上海交通大学に新設された、日本研究所の開所式に出席したが、こうした機関が新たにできることは、日本に対する関心と、お互いに理解を進めようという気持ちの現れのように思え、非常に感慨深いものを覚えた。

日中関係もこの40年間に大きく変わったと思う。中国は今や世界第2位の経済大国になった。経済大国になったということは、国の体《てい》が大きくなったというだけのことではない。それなりの振る舞いも必要だし、それにふさわしい行動と責任を持って歩む立場になったということだ。

今年になってから中国は、対外活動においても、他国や他国の世論を意識した行動を取っているように見える。一部メディアは今の中国は拡張主義であるとか覇権主義であるとか書いているが、実際はそうではなく、極めて慎重かつ控え目に行動しているように感じられるし、中国に対して今までとは別の関係や見方、付き合い方をする時代の到来が予想できるような状況が起こっている。今後中国がどのような考えで、どのような動きをするかを注視すべきだろう。そして、中国の世界における行動が適切なものであってほしいと願うのであれば、日本は進んで意見交換を行い、時には日本の考えを述べる必要もあるだろうと私は考える。

意見交換の基本は信頼関係だ。信頼関係なくして意見を言いあえば、時には誹謗《ひぼう》や悪口になるだろうし、そんなことは決してあってはならないことだ。信頼関係を持った上で意見を述べあう、そんな関係が今後の日本と中国の間で実現することに私は期待している。こうした関係は日中両国が安定した政治を進める上で、基礎的な要件になるだろう。

日中関係の安定は単に日中両国にとどまらず、地域全体に良い影響を与えるのは間違いのないところである。東アジアで日中が互いに協力すれば、周りを取り巻く東南アジアとアジア全ての地域が、日中を中心に良い関係をつくっていくことができるだろう。

政治の運営は、極めて大切なことだ。そして経済発展は政治の安定なしには実現できない。そう考えた場合、日中の政治が安定することは、この地域全体、そして地域のみならず世界全体に良い影響を与える可能性が十分にある。幸か不幸か、世界の今の情勢は不安定要素が年々強くなっていると感じられる。そんな不安定な国際情勢の中で日中関係がしっかりすることは、何より大事なことであり、日中両首脳のみならず、両国民がそれを望んで付き合うことは、世界の中で「あの地域は本当に安定している」と示すことになり、世界全体に良い影響を与えるものであると私は思っている。日中関係を安定的に保ちながら推移することは非常に大切で、両国首脳と国民がそれを大切と思えば実現可能であると思う。その意味からも、今後の両国関係は世界が重視するものになるだろう。

日中両国は今の国際経済において20パーセント以上のシェアを持っている。日中韓、そしてASEANの安定した発展により、あと5年も経てば世界の30パーセント以上のシェアを持つことになるだろう。忘れてはならないのが、米国経済をそこに取り込んでいくことではないかと思う。日米中三か国の経済規模は、現在合計すれば40パーセントほどの数字になろう。そこにASEANや韓国を加えれば、数年後には50パーセントを超えるレベルの経済シェアになる。この地域だけで世界をリードできる経済の大きさの元は日中の安定だ。だからこそ両国関係が重要な意味を持つと私は思っている。

このような大きなことを考え、日中関係をどのような視点で上手くやっていくかという工夫をしつつ、その前提として両国民が幅広く交流し、互いに理解し合うことが大切だと思う。だから私は文化関係の方々にも期待しており、幅広い国民同士の付き合いができる関係を作っていただきたい。「中国改革開放40周年と日中経済・貿易協力」という大きなテーマは、両国民は幅広い関係性を構築する時代に向かって進んでいかなければいけないという思いを示していると私は思っている。

（原文は2018.12.5『人民中国』に掲載）

2-8　相互理解と助け合いで日中関係を再構築

１９７２年の日中国交正常化以降、残念ながらすぐに平和友好条約締結という流れにはなりませんでした。国交正常化はそれまでの戦争状態の終結と外交関係の復活を意味しますが、人的交流や貿易などを行うには、平和条約を締結した上でさまざまな取り決めをする必要があります。

福田赳夫流に言えば、「つり橋」を「鉄橋」に換えるのです。国交正常化で「つり橋」ができ、交流が始まったのですが、つり橋ではわずかな人しか通れません。平和条約を締結して「鉄橋」に取り換えることにより、人やモノなど、あらゆる面での交流が大々的にできるようになりました。当時の日本も中国も、ソ連との関係などを考慮して、その後の進展は遅々として進みませんでしたが、双方の条約締結への思いは強く、78年8月に園田直外務大臣が北京に赴いて文書に署名しました。

当時の中国は、改革開放で経済を本格的な発展への軌道に乗せるという課題がありました。そのために日中間に「鉄橋」を架けて、あらゆる交流を始める決意をしたのです。改革開放体制の下で世界とさまざまな交流・取引をする決断には、鄧小平氏と中国指導部が大きな力を発揮したと思います。

78年10月、鄧小平氏が訪日し、互いの政府が友好条約を承認した証しである批准書の交換式を行い、ここに懸案の条約が発効したのです。そのときの福田赳夫首相との首脳会談では、日本は中国の経済発展に全面的な協力を約束しました。

式典の後に鄧小平氏は、東京、大阪、名古屋などを回り、経済界の人々と積極的に会い、経済発展の道筋をつけて帰国されました。今の中国の発展は、そのときの鄧小平氏の活躍に負うところが大であると思います。

胡錦濤さんとは非常に良い話ができたと思っています。２００７年12月末にお会いした際、中国の社会や産業のあり方について私も率直に意見を述べ、環境問題についても良く話し合いました。

環境問題の基本は、エネルギー使用の効率を良くすることです。改善のノウハウを提供し、環境改善の拠点を数カ所つくる約束をしました。その集大成として、２００８年に行われた洞爺湖Ｇ20サミットで中国は、環境改善について国際社会に協力することを約束してくれました。胡主席との間では、第四の政治文書を締結し、日中が協力して国際社会に貢献する姿を見せることができるようになりました。

李克強総理の訪日は、双方の首相が関係を良くしていきたいと考えた結果実現したと思いますし、率直に考えを交わすことで同じ意見を持っていると認識できたのは非常に良いことだったと思います。

日中関係の悪化は周辺国にとっても心配ですし、その杞憂が世界中に広がる可能性もあります。そうなればアジア地域の安定もありませんし、世界の迷惑にもなるでしょう。ですから日中両国は常に互恵の関係でなければいけないし、周辺諸国がその恩恵を共に享受できるようにする責任が両国にはあると思います。現在の世界における経済規模の大きさは米中日の順で、このうち、日本と中国は同じアジアにあります。これは非常に大きい意味を持っているということを、われわれは意識すべきです。

世界には富める国がある一方、子どもたちの食事にも事欠くほど貧しい国が多くあります。貧困は紛争や戦争を起こす原因になるので、貧困を減らす努力をしなければいけません。中国がアフリカで行う努力でアフリカ諸国の所得が上がり、生活が安定し、その影響が世界中に広がれば良いと思います。「自分さえ良ければいい」という考えを捨て、苦労を分かち合い、みんなで状況好転の努力をする世界を作っていくのです。「人類運命共同体」とはそういうことではないでしょうか。

中国による「人類運命共同体」の提唱は、そのような考えを世界に広めていくだけの力を中国が備えた証しであると思います。習近平主席のその旗印は力強く、世界の人々全てが目標とすべきと思います。そのメッセージを世界に示しつつ、「一帯一路（シルクロード経済ベルトと21世紀海上シルクロード）」のような大きい構想を進めていくということだと私は理解しています。「一帯一路」は中国だけのものではありません。ユーラシアの国々が安定して良好な関係を結ぼうと試みる地域になるという目標を、習主席がわれわれに与えてくれたのだと思います。

２０１８年に、南京の記念館が事実に基づいた記録を中心にした記念館に生まれ変わったと聞き、一度行ってみたいと思っていました。実際に参観したところ、戦争の悲惨な出来事の記録が数多く展示され、後世の人々が事実を認め、理解し、記憶するための場所だと感じました。事実に則した展示は、日本人にとっても違和感はありませんでした。私たち日本人が真実を謙虚に受け止め、二度と戦争をしないという思いを強く持つためにも良い場所だと思います。

グローバル社会の今、アジアはやり方次第で極めて安定した地域になるのではないかと期待しています。ＡＳＥＡＮ（東南アジア諸国連合）が成長しているだけに、日中関係の安定は両国に課せられた大きな責任です。中国は14億の人口を持つ大国で、経済規模も日本の約３倍です。さらに今年は日中韓の経済の合計が米国を超えるレベルとなり、今後さらに大きくなるであろうと考えたとき、今や世界に対する責任が、われわれにはあるのだという思いを込め、「和平東亜」と書きました。

日中両国は、今やお互いに助け合う関係にあるのではないかと思っています。互いに足りないところを補い合うことができれば、互いを求める関係ができます。そんな関係をこれから努力してつくっていきたいと思います。

また、国同士が良い付き合い方ができるかは、国民同士が相手を理解するかどうかにかかっています。幸い両国には文化的な共通項がたくさんありますから、交流の機会にも恵まれています。音楽、文学、美術や芸術などの伝統文化からアニメなどのポップな若者文化まで、幅広い分野での国民同士の交流により、互いの理解を深めることはとても有効で有意義です。今後はこれら文化交流により、国民の相互理解を進めることに力を入れていきたいと思っています。

（原文は2018.8『人民中国』に掲載）

2-9　新時代の日中協力

1．はじめに

日本の対中経済協力が１９７９年12月に開始されてからちょうど40年目となる本日、ここ清華大学において、中国の未来を担う皆さまの前でお話が出来ることを大変嬉しく思います。清華大学は中国の最高学府の一つであり、近年では世界の大学ランキングでアジア№1と評価されるなどその教育水準は国際的にも高く評価されています。私は２０１７年に何かの機会に清華大学日本研究センターの特別顧問に就任しました。その後、何回か訪問のお誘いを受けましたが、生憎他の予定があり、訪問できませんでした。漸く今日お伺いすることができました。キャンパスの美しさと雄大さは素晴らしいです。

今回清華大学と日本の国際協力機構（ＪＩＣＡ）との共催で日中経済技術協力40年を振り返る写真展が開催されることを喜ばしく思います。私はこの機会に、明日の中国を支える皆さまに日本と中国との関係、特に、中国の経済発展と日本の協力関係について理解を深め、今後の日中関係の在り方などについてお話ししたいと思います。

2. 最近の日中関係

昨年、日中首脳の相互往来が行われ、日中関係は正常軌道に戻り、本年6月、日本が議長を勤めたG20大阪サミットの機会には国家主席就任後初めて習近平主席が訪日されました。その際、安倍総理と習主席とが幅広い分野の意見交換を行い、来年春の習近平主席の国賓としての訪日について合意し、「日中新時代」を切り拓くとの決意を共有しました。

先頃、天皇陛下の即位の儀式の折、中国を代表して王岐山国家副主席が訪日してくださいました。また、ＡＳＥＡＮ関連首脳会議での李克強総理との日中首脳会談、王毅国務委員兼外交部長の訪日等、日中間のハイレベルの往来が間断なく続いています。両国は来春の習近平国家主席の国賓訪日を有意義なものにすべく協力していかなければなりませんが、そのためにもそれまでに一つでも多くの日中協力の具体的な取組が進展することを期待しています。何度も中国を訪問している私としても、日中両国各界の努力により日中関係が着実に前進しているものと思っています。

3. 中国とのつながり

私は２００７年に内閣総理大臣に就任した年の12月に北京を訪問しましたが、その当時の胡錦濤国家主席や温家宝総理と会談し、極めて建設的な話し合いができ、有意義な結果を得ることができました。

私の中国との関係は、その後、総理退任してからも続きました。２０１０年にボアオアジアフォーラムの理事長に就任し、昨年、理事長を退任するまで8年間の後、引き続き今も同フォーラムの諮問委員長を勤めております。中国には友人も多く、年に何度も中国を訪問していま す。また、日本を訪問される中国の方々と毎週のようにお会いしています。

4. 改革開放が中国の将来を決めた瞬間

中国では1978年、鄧小平副主席により「改革開放」政策に踏み出し、国内制度の大胆な改革と対外開放を積極的に推進し、今日、世界第2位の経済大国へと成長し、世界経済において大きな影響力を発揮しています。

中国発展のきっかけは、1978年10月にあります。東京の首相官邸にて平和友好条約批准書交換式で、その直後に福田赳夫首相と鄧小平氏が満面の笑みを浮かべ、抱き合って喜びました。その姿は今でも忘れられません。この歴史的瞬間の後、鄧小平氏はすぐさま行動に移しました。

日中2000年の歴史の中で、中国の指導者が初めて日本の土を踏んだ人は鄧小平氏であった（エズラ・ヴォーゲル）と評されましたが、実際、鄧氏の行動と決断は中国の将来を決定し、事実、今日の中国を実現させた程の一大歴史事件であり、中国のその後の運命を決めてしまいました。当時の涛々たる改革開放への流れの中で決まったその方向性は、翌年（1979

年）大平首相の訪中時に日中の経済技術協力の形で、早速、官民合同で実行に移されたのです。

鄧小平氏がその時そのように大きな決断をしたその背景にある日本滞在中の二つのエピソードを紹介します。

〈1〉平和条約発効の翌日、鄧小平氏は早速、東京近郊の千葉にある新日本製鉄（現・日本製鉄）の君津工場を訪問しました。

その工場は、当時完成したばかりの会社の誇る最新式の自動化設備の工場でした。工場に入るなり鄧小平氏は「今日は工場は休みですか」と聞きました。この工場はその日も稼働していましたが、完全自動化装置のため、工場で働く人の数が少なく、鄧小平氏が休日と間違えたのです。

工場では稲山会長、斎藤社長が迎え、丁寧に製鉄工場の中を説明しました。そのあと帰り際に鄧小平氏は、「これと同じ工場を中国に造ってくれないか」と尋ねました。何しろ、最近完成したばかりの、世界でも最新鋭の工場を作って欲しい、という申し出なので、すぐ重役会を開き議論し、翌日、鄧小平氏に返答をしました。鄧小平氏が「これと同じような工場を」と言ったのに対し、稲山会長は「これよりもっと良い工場を作ります」と答えたのです。

〈2〉この後、鄧小平氏は横浜、名古屋で工場の視察を済ませ、最後に大阪の家電メーカーの松下電機産業（現・パナソニック）の本社で松下幸之助会長に会いました。いろいろ説明を聞いた後、鄧小平氏は松下会長に「これと同じことをやりたいから作り方を教えて欲しい」と言いました。側にいた重役は吃驚し、「そんなことをしたら、うちの会社が潰れます」と反対したが、松下会長は動揺することなく、「良いではないか。隣の家が大きくなることは喜ぶべきことだ」と言って、鄧小平氏の申し出を快諾したのです。

この二つの象徴的な事例で鄧小平氏の肝は固まり、改革開放への道が拓けたことは間違いありません。これから始まる日中経済協力の方向性は、条約の完全発効と、鄧小平氏と日本の財界人の受け答えの中で、将来の中国の生き方に対する確固たる自信が芽生えたのだと思います。

5. JICAの活動内容

協力の初期段階はインフラの整備が中心で、特に当時、中国ではエネルギー消費の大半を石炭に依存しており、山西省など内陸部の石炭生産地と沿海部の石炭消費地を結ぶ鉄道と港湾の整備が、経済成長のためには非常に重要でした。中国から輸出された石炭は日本でも消費されており、日本も恩恵を受けています。

インフラ分野では他にも数多くの協力を実施していますが、いろいろな案件を手掛け、協力してきました。国民生活に関係の深い医療分野でも日中協力を進めてきました。

皆さん、中日友好病院はご存知でしょうか。中日友好病院は無償資金協力として1981年から3年間かけて建設され、1984年にオープンしました。私もその頃、病院の見学に行ったことがありました。その後も日中協力が続き、中国側も手を加え、現在では中国国内で最も水準の高い病院の一つとして、多くの皆さまに愛される病院になっていると聞いています。

中日友好病院は2008年に発生したSARS対応への拠点病院ともなり、日本から派遣された専門家と中国側専門家が協力して院内感染対策などを実施しました。この他、リハビリテーションセンターの建設やリハビリ人材育成支援を行い、交通事故や労働災害による障害の機能改善も支援しています。

また、中国におけるポリオの根絶も日中協力の大きな成果の一つです。ポリオは幼児がかかることが多いウィルス性感染症で、発症すると下肢に麻痺が残ったり、重篤な場合は死に至る場合もあります。1989年、中国の一部地域で大流行が起こり、経験のある日本の医師たちがＪＩＣＡの専門家として派遣されました。日本人専門家は中国側専門家とともにポリオ流行地域の村の中でまで入り、麻痺の残った子供を診察し、ポリオのワクチン接種が全国隅々までいきわたるように中国側と連携しながら活動を続けました。日中双方が協力をした結果、２０００年に中国はポリオ撲滅を宣言。中国のみならず、西太平洋地区におけるポリオ根絶が達成された瞬間でした。

１９９０年代に入り、中国の経済成長に伴い大気汚染や水質汚濁などの環境問題が顕在化してきました。こうした背景を踏まえ、上下水道の整備支援、北京第9浄水場や北京市下水処理場への建設協力、日中友好環境保全センターへの協力は、１９９０年代から現在まで続いており、中国の環境政策や制度、組織の整備や人材育成を協力しています。近年では、日中の環境ハイレベル円卓対話の開催にも協力しています。

また、林業分野でも日中協力で大きな成果を挙げています。40年前、中国の森林被覆率は10パーセント近くまで下がり、中国政府が打ち出した森林回復のための政策をお手伝いするために、日本は造林技術の開発、育種・木材利用などの研究協力、人材育成など13の技術協力プロジェクトを実施し、森林面積の拡大にも大きく貢献しましました。中国は２０１０年~２０１５年において世界で最も森林面積を増やした国となり、森林被覆率も22・６パーセントまで上昇しました。

２０００年代以降は、中国国内の１９８の大学に対する校舎や設備等の整備、教職員の日本への研修機会の提供を行いました。また、日中共通の課題である感染症対策や高齢化対策に関する協力を実施しました。

6. 活動の基本理念―奉仕の精神

以上、ＪＩＣＡの活動の概略を申し上げました。ＪＩＣＡは協力事業を進めるに当たり、本当に使う人の立場に立って献身的な作業を行っています。このことはＪＩＣＡが活動しているどこの国においても高く評価されていることを知り、嬉しくもあり誇らしく思っています。

今月４日、アフガニスタンのベジャワールで１人の日本人医師・中村哲さんがテロ・グループの凶弾に倒れました。73歳だった中村さんは九州大学医学部を卒業し、日本で医師をしていた１９８５年頃から治安の混乱で医療の不足しているアフガニスタンの実情に同情し、ベジャワールでハンセン病を始めとする医療活動に従事。診療所を開設し、難民の治療に当たってきましたが、感染症予防のためには清潔な水が必要であることから井戸を掘る作業を始め、現地住民の福祉向上のために献身的な奉仕をしました。

中村医師はＮＧＯ（非政府組織）に属し、欲も名誉も求めず、ひたすら悲惨な状況の現地住民を助けようとした献身的な人で、彼の活動は日本国内でも高く評価されていました。35年にも及ぶ長い間、身を捨てて奉仕した中村医師の死を多くの日本人が悼んでいます。

今この話をするのは、中村医師の献身と、今回の主題である「日中協力」の最先端で業務を遂行するＪＩＣＡ関係者の献身と、程度の違いこそあれ両者には通ずるものがある、と思ったからです。

日本では「人の価値は、世のため人のため、どれほど尽くしたかで決まる。そのような人が一流の人」と言われます。国も同じです。自分の国に尽くすことは当然、その上で、国際社会のためにどれだけ貢献できるかが問われます。そういうことができるのが一流国家です。習主席も「人類は運命共同体である」と述べています。その意味は、人間ひとりでは生存できない。仲間が多いほうが安心・安定し、皆が幸せです。国際社会も同じです。特に今のような Global な時代ではこの基本理念は欠かせません。論語に次のような言葉があります。意味するところは「貢献・奉仕」です。

「為天地立心 為生民立命」

7. 新時代の日中協力

昨年10月、安倍総理が訪中され習近平国家主席との会談において、２０１８年度をもって中国へのＯＤＡの新規採択を終了し、今後は開発分野における対話や人材交流等の新たな次元の日中協力を進めていくことで一致しました。日本と中国は、地域・国際社会の平和と安定・繁栄に共に責任をもって取り組んでいくことこそが、「日中新時代」を迎える両国にとって相応しい姿であると考えます。

日中の政府間の経済技術協力を各プロジェクトの中で中心的に担ってきたのがＪＩＣＡです。皆さんがご覧になった写真でも、たくさんのＪＩＣＡ関係者が現場で中国の皆さんと一緒に活動していました。相手国の実情を確認し、現場の声を丁寧に聞いて、その条件の下で最適な計画を立て、実行に移していく。こうした緻密な専門家による作業を重ねることで多少時間がかかることもありますが、皆さんの役に立ち、後々まで役立つような成果に繋がったと考えています。

これからの日中間で重要なことは、交流と相互理解を深めることです。相互理解を進めるためには双方の間の活発な交流が必要で、相互理解の先に相互信頼が生まれます。先月末、日本で王毅外交部長とお話しした際、王毅外交部長も人的交流と文化的交流の重要性を述べていました。

2019 年 12 月 7 日　清華大学にて講演

2019 年 12 月 7 日　清華大学で講演後、学生に囲まれていた福田康夫

新しい時代を切り開いていく上で、お集まりの皆さんのような若い方々こそが未来への希望です。私の母校である早稲田大学と清華大学との間で１９９６年に学術交流協定が締結され、学生などの交流が行われていると聞き、嬉しく思っています。お互いを知り、信頼関係を築くために、日中の間での若い人々の交流がますます盛んになることを強く願っていますし、その重要性をこれからも発信していきたいと考えています。

本日、中国の未来を担う皆さんへ中国の経済発展と日本との関係について私の意見を述べました。日中関係の未来を担う学生の皆様を含め、あらゆる分野での交流・協力を一層発展させ、日中両国が新たな時代を築いていくことを祈念しております。

（2019.12.9 清華大学にて）

2-10　先行き不透明の現況に日中協力の光を

まず初めに、世界中でいま尚、猛威を振う新型コロナウイルスの蔓延が貴国においては殆ど完全と云えるほどに鎮圧されている現状に対しお喜び申し上げ、関係各位のご尽力に心から敬意を表します。ワクチンの開発、生活基盤の維持や経済の復興など、「コロナウイルスとの戦い」は、これからも続きますが、尽力されている関係者、全ての方々にエールを送りたいと思います。

さて、スクリーンの向こう側には懐かしい方々が並んでいらっしゃいます。

戴乗国先生、そして謝伏瞻院長をはじめとする中国社会科学院の皆さん、今日は、このようにスクリーン越しではありますが、昨年5月に北京でお会いして以来、再びお目にかかることができて、感謝いたします。

また、ジェトロの佐々木理事長、アジア経済研究所の深尾所長をはじめとする皆さん、そしてお集まりになった日本の学者・専門家の皆さん、本日はこのようなたいへん意味深い学術会議を開催いただき、誠にありがとうございます。

中国社会科学院は、社会科学分野としては中国最大の研究機関ですが、わたしも何度も同院の主催する会議に出席させていただきました。優秀な研究者を数多く抱える中国社会科学院ですから、今後ますます、中国の学術研究の発展を推し進め、それを基盤とした中国の政策運営の知恵袋としての役割を発揮されるものと思います。

日本側主催者であるジェトロ・アジア経済研究所は、こちらも社会科学分野においては我が国屈指の研究機関です。今年が設立60周年とうかがっています。今から60年前に、財界、学界、政界の強い要望のもと、当時の総理であった岸信介先生のイニシアチブにより設立されたそうですが、その設立にあたっては、「日本のアジア研究の総本山を目指せ」と、その意気込みを語られたそうです。

そのようなアジア経済研究所が、本日、中国屈指の研究機関と共同でこのような学術イベントを開催するというのは、非常に嬉しいことです。

新型コロナウイルスの世界的蔓延以来、ヒトやモノの移動が著しく制限され、人類に多くの試練を与えています。一方で、今回のシンポジウムのような国際会議が容易く開催できるようになり、最近では「オンライン飲み会」といったように、デジタル技術を活用した新しい形の人と人との繫がりや交わりの手法が開発され、それが〝あたりまえ〟の社会慣行と認められるようにもなりました。

コロナによる制約を打ち破り、デジタル技術を活用することで、国をまたいだ今回のような学術交流を可能とした人間社会に敬意を表すると同時に、新しい時代が開けたような思いを致しております。

中国はいま、米国との間で、解決すべき大きな課題を抱えています。さらに米中二国間だけでなく、他の多くの国々と協調し、より安定した国際社会を呼び込むような協力関係を築くためのテーマや枠組み、組織などを考えなければならない段階に立ち至っています。

本日のテーマにも挙げられている「社会開発」、例えば環境問題、少子高齢化、社会保障、格差の問題などは、世界の多くの国々に共通している課題でもあり、ぜひ協力したいと思います。

こういった課題を乗り越え、そして「コロナ」という人類未曽有の試練を乗り越えて、新しい国際経済・社会秩序を作っていく、これが国際社会の当面の問題です。本日のテーマにもある「イノベーション」、「デジタル技術」というものが、その課題解決に大きな役割を果たすことになるでしょう。

新しい国際秩序、そして新しい世界を作っていくために、東アジアの大国である日本と中国とが果たすべき役割は、極めて大きいと思います。

そして、両国が協力してさまざまな課題の解決に積極的に取り組む際に、皆さんが懸命に取り組んでおられる「学問」が果たす役割は決して小さいものではなく、むしろ、極めて重要なものと考えるべきです。

私は、アジアの国々と文化交流を進めようと考え、日本アジア共同体文化協力機構という団体を立ち上げました。これの意図するところは、文化交流を通じてアジアの国々の国民同志の相互理解を進め、この地域が真に安定した平和な地域になるように、という思いを実現するためです。

このことについては、習近平主席と相談した結果ですが、いずれ中国においても組織ができるものと思います。コロナ問題が解決されれば、直ちに実行に移したいと考えておりますので、皆様方にもぜひご協力をいただきたいと思います。

本日も、スクリーン越しではありますが、日本と中国の、経済学や社会学を専門とする一流の学者たちが集っています。この会議での議論が、先行き不透明な世界経済・社会の未来に一筋の光明を灯すことを、そして日中協力の新たなステージへの道しるべを示すものとなるよう、期待いたします。

（2020.10.27 中国社会科学院／日本貿易振興機構（ジェトロ）
アジア経済研究所共催シンポジウム）

2-11　三つの変化が起こった世界への応対

日本や中国を取り巻く世界の情勢は、21世紀に入って三つの大きな変化を迎えているように思われます。

第一は、国際社会の政治や経済の「重心」が、欧米諸国を中心とする大西洋地域から、東アジアを中心として大洋州・インド洋地域に移りつつあるということです。このことは世界において、我々の地域・アジアがより豊かで、力強く、重要な位置を占めるようになっていくことを併せて意味します。同時に、世界が直面する種々の課題や矛盾が、国際社会の最前線となるこのアジア地域でぶつかり合い、顕在化するようになることも意味しています。我々は、地球という大きな船の総舵輪ハンドルを、共に握り操っていくことが求められるようになっていきます。これまで、欧米諸国を中心に作られてきた国際秩序やシステムに、フリーライドする「傍観者」であり続けることは、もはや許されないのです。

第二は、資本主義や自由主義的な市場経済の下で、経済の持続的成長を前提として維持されてきた世界の経済・社会・政治モデルが、今や行き詰まりを見せるようになってきている、ということです。

20世紀後半からのグローバリゼーションの進展は、世界を一つにし、モノ、人、情報が、大量かつ高速で移動するようになりました。そのことは、世界全体として見ると、人々の富、すなわち欲望の充足を増加させることに貢献しました。しかし、一部の人や国が豊かになっていく一方で、人と人の間の格差、国と国との間の格差は拡大傾向にあり、今後、安定した活力ある社会を維持していくことが困難になることが懸念されます。

第三は、終わりなき欲望の充足と経済成長を求める人類の行動の積み重ねが、その人類が生きているハビタット、すなわち生息環境である地球自体を急速に壊し始めているということです。環境破壊、パンデミックの流行、エネルギーや食料等々、影響はあらゆる方面に及んでいます。

こういった変化に対し、科学と技術革新により困難を乗り越えることができると考える人が世界に依然多くいるようです。しかし、多くの人々が錯覚していることですが、変化というのは必ずしも漸進的に起こるものばかりではないのです。歴史の流れの中で見るとわかるように、なんらかの変化の力が水面下でたまりにたまった後に、爆発的に生じる大変化というものが、時として起こるのです。世界は今、そう言った急激で大きな変化の到来に直面しているの

第17回東京－北京フォーラムにて講演する福田康夫

ではないか、というのが多くの有識者の見方です。

以上の3点が、この世紀の地球上の大きな変化ですが、この中で私が深刻に懸念し、国際社会が第一に取り組むべきと考えるその変化の最たるものは、気候変動への対処です。本年8月にＩＰＣＣ（国連下の気候変動に関する政府間パネル）の発表した報告では、地球温暖化のスピードは減少どころか加速傾向にあり、このままでは人類が阻止すべき世界の平均気温の1.5度の上昇が、当初の見通しの２０５０年でなく、２０４０年に早まるとの見通しが明らかにされました。今からたった20年後です。対策を格段に強化する以外、人類にとっての途はないのです。

気候変動を筆頭に、人類が初めて直面するこれまでは次元を異にする大きな挑戦を目前にして、我々は国際的な協力と協調を大至急、進めていくことが求められます。しかし現実はそのようにはなっていません。昨年から発生し現在でもまだ続いているコロナウィルスの世界的流行に対する、国際社会のバラバラでちぐはぐな対応は、その最たる一例です。

特に世界第一位と第二位の大国である米中の間において協力が後退し、競争・対立が前面に出てきているのは、人類にとっては極めて不幸なことです。アメリカのバイデン大統領は、米中の対立は不可避ではなく、競争を対立にしないように努力する、という考えを表明していますす。その考え方自身は評価しますが、現在の米中関係においては双方ともに、政治、安全保障、経済などのあらゆる面において、協力よりも競争と対立が前面に出て激化しつつあるように見受けられます。判りやすく例えると、世界中がこの巨大な鷲と龍のいがみ合いを、不安と懸念の目で見ているということです。

グローバルな問題については、国際社会、すなわち世界中の国々が一致団結して協力しないと、問題への対処と解決はできません。例えば温暖化防止のための二酸化炭素排出の削減は各国が協力して、共に行うことが必要です。その実施にあたっては、それぞれの国々の経済や社会に一定の痛みや犠牲を伴います。一部の国が協力しなければ、その国だけがいわば抜け駆けで利益を得ることになり、他の国々は「正直者は馬鹿を見る」ことになります。

このことは国際社会において深刻な課題である核拡散の問題においても同様です。現在の世界の核弾頭の数を合せると、地球上の人類を何十回も「皆殺し」にできる程です。その核の保有を認められている米・中など5大国が核軍縮を着実に実施し、さらに5大国以外の国々の核開発・核保有を認めないという国際社会の合意が前提です。これらが十分に遵守されていない現在、日本を含め、核を保有しない世界の殆どの国々は「正直者は馬鹿を見続ける」ことになるわけです。

このような国際社会における「モラル・ハザード」が続けば、気候変動対策であれ、核拡散の防止であれ、国際社会の平和と安定、そして繁栄を維持していこうという人類の努力はいずれ頓挫せざるをえないでしょう。

「賢者は歴史から学び、愚者は自らの経験から学ぶ」という箴言は19世紀のドイツの名宰相、オットー・ビスマルクの言葉です。現代に生きる我々は、自らの経験や目の前の現実に慣れてしまい、そのことからしか学ぶことができず、世の中はそういうものだ、と思い込んでしまう傾向があるように思われます。

例えば次のような考え方があります。すなわち、日本や米国と中国の関係は、様々な理由で対立的なものとならざるを得ない、それが必然であり現実だ、かかる前提で必要な対抗措置を執ることが正しい政策だ、という考え方です。しかし、これはまさに現在の延長からしか将来を俯瞰することのできない、愚者の見方であるような気がしてなりません。

その理由の第一は、すでに申し上げたように、気候変動をはじめ、今後世界が大きなパラダイムの変化に直面することが確実視されているからです。日中・米中対立必然論のような見方には、人類と地球の直面している大きな挑戦と危機にどう対応するのかという視点が全くありません。対立と競争、そしてさらには、それによって生じるであろう不安定と混乱のある中で、国際社会が大きな危機と挑戦に直面したら、人類・社会は破滅への道を歩むかもしれません。

第二の理由は、米国や中国がスーパー・パワーとして国際社会で覇を競いあう現状がいつまでも続くとは考えられないからです。米国は依然世界最大の経済大国、軍事大国ではありますが、国際社会の平和・安定に向けた関与は選択的・限定的になりつつあります。中国については、これまで続いてきた急速な経済発展により経済力と軍事力の急拡大がいつまでも続くとは考えられず、いずれ成長から成熟へ、拡大から安定に変わっていくものと思われます。

米国と中国が、国際社会において大きな位置を占め、人類の直面する大きな問題についてリーダーシップ的役割を果たしていくことが求められていくという状態は当面続くでしょう。しかし、「世界の警察官、唯一のスーパー・パワーの米国」、「世界最大の人口を有し、急成長を続ける中国」というマインドセットは今後数十年の間に、変わっていくことになるでしょう。アメリカの文筆家であるトーマス・フリードマンの表現を借りれば、世界は今後次第に「フラット化」していくのではないかと思われます。

人類が大きな転換点に直面すればするほど、歴史から学ぶ必要性は増します。私は昨年もこの場で、「賢者は歴史から学ぶ」という言葉を使いました。

歴史は不愉快な、感情を傷つけられる多くの出来事を記録しています。しかし先人達は、そのような心理的葛藤を乗り越えて、公平と正義を重視する秩序を作り上げました。国際連合に代表される第二次世界大戦後の国際秩序を作り出した先人達は、歴史の教訓をくみ取り、しかも地球的、全人類的視野を持っていました。国際政治の荒波にもまれながらも、敗戦国である日本やドイツの国際連合加盟が認められたのも、新しい秩序のおかげです。その日本とドイツは、今や国際連合を全力で支えています。

歴史はまた、相互理解の欠如がいかに大きな悲劇をもたらすかを示しています。第一次世界大戦がその最たるものであり、第二次世界大戦に至る過程においても多くの似たような事例に出会います。

このような地球的規模で起こっている大きな変化の中で、日本と中国はどのような関係を構築すべきなのか、というのが、今回の東京北京フォーラムの重要な課題ではないでしょうか。私は日中関係において、次の三つのことが早急に実現される必要があると考えています。

第一は、対話と交流の再開と強化です。日中関係、米中関係の緊張と悪化を背景に、特に日中間において、お互いを知り、何を考え、何を行おうとしているかを学ぶための機会が激減しています。首脳間の往来はなくなって久しく、政治、文化、さらには一般の国民同士といった、あらゆるレベルでの対話と交流が乏しくなっています。ビジネスの世界においては、両国間の交流は依然活発ですが、政治が冷たくビジネスが熱い、政冷経熱の状態が長く続いているため、経済の熱も冷まされ、ビジネスにも悪影響が出かねない状態になりつつあります。

日中間ではお互いの相手に対する理解が足りないが故に、誤解の悪循環に陥り、利害の対立がさらに強まっているという面があるのではないでしょうか。

第二に、共通認識を持つことです。対話を通じ、国際社会、さらには人類と地球が危機的状況に陥っているという認識を共有し、これからどのような世界を作り上げていくのかという点について、できるだけ多くの共通の認識を持つように日中間で努力すべきです。それは、習近平主席が提唱されている、人類運命共同体の中身を作り上げることになります。

胡錦濤主席と私が発出した2008年の日中共同声明において、両国は「アジア太平洋および世界の平和、安定、発展に対し大きな影響力を有し、厳粛な責任を負っているとの認識で一致」しました。日中両国はこの認識を一歩すすめて、どのような世界を作るかについての共通認識を深める作業に入るべきです。先に述べたように、国際社会の重心がアジアに移りつつある中、アジア地域において重要な地位を占める中国と日本がかかる作業が行うことは当然のことと考えます。

日本の岸田文雄総理は、さる10月8日の所信表明演説において、「自由、民主主義、人権、法の支配といった普遍的価値」を大事にする国際社会を作る気持ちを表明しました。習近平主席は、9月21日の国連一般討論演説において、「平和、発展、公平、正義、民主、自由といった人類共通の価値を発揚すべき」であり、「世界には国際法を基礎とする秩序しかなく、国連憲章の根本理念と原則を基礎とする国際関係の基本ルールしかない」と述べています。米中、日米が、お互いの価値や信条の違いを述べ合うだけではなく、共有できる価値や追求すべき理想を議論し、今すぐにでもすりあわせていくことが求められているのではないでしょうか。

第 17 回東京－北京フォーラムにて講演する福田康夫

第三は、日中両国は、お互いに相手の懸念を和らげる行動をとり続けるべきです。少なくとも、１９７２年の日中共同声明において言及され、平和友好条約において再確認された、「紛争は平和的に解決されなければならない」という約束を、もう一度確認し、行動に移すべきです。そして協力できる分野は、例え小さなことでも、実行に移して具体的協力を始めることが重要です。それが両国指導者と政府の間の、ひいては国民同士の信頼の醸成に繋がると思います。

今は十月末、年の暮れまであと二カ月です。来年は、日中国交正常化50周年という記念の年を迎えますが、このことが現在、日中のそれぞれの国内において、殆ど重要な話題になっていないこと自体に、違和感と危機感を覚えます。

今から50年前、１９７２年の共同声明において、「日中両国には社会制度の相違があるにもかかわらず、両国は、平和友好関係を樹立すべきであり、また、樹立することが可能である」とうたいました。そして、78年には平和友好条約を締結しました。

日中が、今のような緊張と対立のコースを歩み続ければ、50年にわたって築きあげてきた両国の平和友好関係は大きく傷つけられてしまうでしょう。両国の指導者、政府、社会、そして我々は、そうならないために何をしなければならないのかについて、真剣に考え行動しなければなりません。

本年の日中共同世論調査において、すでに悪化していた日本の対中感情に加え、中国の対日感情が急速に悪化していることを憂慮しています。こういう時ほど、相手がいやがること、相手の感情を傷つけることを言ったりやったりしてはいけません。己処不欲勿施於人、それが両国の政治の役割であり、歴史から学ぶリーダーシップの知恵だと思います。

私は政治家として、特に外交については、「政治のリーダーシップは国民を煽ってはいけない、また、国民に煽られてもいけない」と考え、常々心してきました。近年の政治はその逆方向に向かっているような気も致しますが、如何でしょうか。

交流や対話を再開、強化、深化させて、相手の気持ちを尊重しながらお付き合いできる関係を再び築くことが、まず重要です。来年の50周年は、その好機であります。

両国の首脳会談が早期に実現し、両国政府と民間が、この好機をしっかりとつかんで、日中関係を本来のあるべき方向に動かすきっかけにしたいものです。

（2021.10.26　第17回東京－北京フォーラム）

第3章　福田康夫の「アジア観」――共有の広がり

3-1　東アジアの目標

この度は、人民政治協商会議のお招きを受けて、この場で挨拶させていただけることをとても光栄に思います。

中国人民政治協商会議は、これまでの中国の発展に大きく寄与してきました。今後、中国社会と経済の更なる発展に向けて、皆様が引き続き中国の直面する様々な課題について自由で有意義な討論を続けていくことでしょう。この場をお借りして、皆様がさらに大きなパワーを発揮できることに期待します。3年前、私が中国政府のお招きに預かり、日本の総理大臣として中国を訪問した際、孔子の故郷である山東省の曲阜市を訪れました。その時、書道の披露を求められ、「温故創新」の四文字をしたためました。「温故知新」は孔子の言葉であり、日本でも広く知られています。当時私は「創新」の二文字に、日中両国がこれからも力を合わせ、互いに学び合い、新時代に相応しい新世界と新理念を共に創造していきたいという願いを込めました。

本日、私の演説の題は「東アジアの目標」です。これには当時と同じような願いが込められています。近年、中国経済の目覚ましい発展は世界中の注目を集めています。ＧＤＰだけを見ても、今年中に中国は必ず日本を追い抜かすことでしょう。少し前、アメリカのリーマン・ブラザーズ・ホールディングスの経営破綻を引き金に、世界規模の金融危機が起こりました。中国は各種対策を講じて困難から脱出しただけでなく、日本のような経済国家が苦境を乗り越えるための手助けをする役割も果たしました。

ちなみに、環境にやさしい社会の構築を提唱する中で、今、エコカーや省エネカーの製造が注目を集めています。日本の自動車メーカーは一歩先にこの分野で、ガソリンと電気を同時に使えるハイブリッドカーを打ち出していますが、今話題となっているのは、中国が国家戦略としてハイブリッドカーを通り越して、直接電気自動車の発展領域に入ろうとしていることです。先月の末に、上海万博の中国館を見学しましたが、中国産の電気自動車が万博のあちこちで活躍していました。聞くところによると、そのような電気自動車は、ざっと日本円に換算して、１００万円ほどの低価格で販売される予定だそうです。

国際金融の面では、Ｇ８の枠組みに比べて、中国、インドが参加するＧ20の枠組みがこれからもっと重要になっていくでしょう。大事なのは、これからの東アジアにおいて、日本と中国、そして韓国、シンガポール、台湾地区などの国と地域は、ライバルでありながら、相互補完し、共に高め合って進歩していくことです。また、東アジア諸国に私たちの持つ力を惜しまずシェアし、東アジアを一つのまとまりとして、共存共栄の世界を作ることを目標としていくことです。すでにこのような時代に突入したことを、私は切に感じています。

このような東アジアで、このような問題を解決するには、地域全体の協力が欠かせません。それは言うまでもないことです。具体的に言うと、エネルギー資源の共同開発、石油の共同備蓄、そして後で申し上げますが、日本などの国の省エネ技術のシェア、原子力発電の技術面での提携、そしてエネルギー供給を確保するための海上航路安全の協力などなどがあります。

環境問題は、今の中国が手を焼いている大問題です。二酸化炭素と二酸化硫黄の排出、石炭に対する依頼からの脱出、省エネ技術、汚水処置などの環境問題のあらゆる分野で、日中間の協力はすでに始まっています。今後、政府と民間が一緒になってこの問題を解決するために努力し、日中間でウインウインのパートナーシップ関係が出来上がっていくことを私は切に望んでいます。

東アジアの社会と経済が直面するもう一つの挑戦が、少子高齢化社会の到来です。今の状況として、低出生率が子供の数の減少を招き、総人口と労働人口が占める割合が減少していきます。同時に高齢者の割合が増えています。これはとても深刻な問題で、社会の持続的な発展の可能性を根本から揺るがす大問題です。この問題を回避するいい方法が私たちにはありません。日本だけでなく、韓国、台湾地区も同じ問題に直面しています。高齢化というと、私もその高齢者の一員なので、このような話をしていいのか分かりませんが、前に、高齢者を年金を消費するだけ、社会から世話されるだけの負担と見てはいけないということを言いました。これからは、いかに高齢者の知恵と経験を社会経済の活性化に生かし、社会に貢献する立場にしていくのかについて、積極的に考えるべきだと思います。

日本では近年、労働者の働き方によって定年を延長する議論がされています。私の父も90歳まで生きました。父はよく、人の人生の価値は、その人が社会のため人のためにどれだけ貢献できたかで決まるものだと言っていました。だから総理大臣を退任してからも、晩年、OBサミットなどの場で他国の首脳らと共に、世界平和や軍縮、人口、環境、資源、エネルギー、世界経済の活性化など、国際社会の直面する課題について、熱烈に意見をかわし、国際社会に積極的な影響をもたらしました。幸いにも、東アジア地域では敬老の素晴らしい伝統がありま す。私たちは中国、韓国と共に知恵を出し合い、東アジアの気質にあった、高齢者の暮らしやすい模範的な社会を作り上げていく所存です。皆様、共に努力していこうではありませんか。

また、2008年の秋にアメリカから始まった金融危機と、それが原因で深い不況に陥った世界経済は、東アジア全体に大きな影響をもたらしました。アメリカの住宅ローン問題ももたらした世界規模の混沌に直面し、私はインドを訪問した際に聞いたガンディーの名言を思い出しました。――労働なき富と道徳なき商業は社会の罪である。孫文も以前、このような話を口にしたことがあります。2008年、私は日本の総理大臣として北海道の洞爺湖首脳サミットを開きました。そこで、当時値上げの一途をたどる原油価格と食糧価格に対して、日本及び一部の欧米国家で国際的な調整を行い、原油や食糧などの人類にとって貴重な資源を投機的な目的に使う商業行為を制限できないかと、議論を試みたことがあります。しかし、自由市場主義を信奉する国の阻害によって、この話題は正式な議論にはなりませんでした。そのような投機家たちには、ガンディーと孫文の言葉をよく吟味してほしいものです。

それから、金融の分野では、オバマ大統領の提唱で、アメリカ政府は金融商品が氾濫しやすい銀行、保険会社などに対して一定の制限を設け、それらに対する厳格な取り締まりの法律も施行しました。これは当たり前に必要なことだと思います。アメリカと一部の欧米諸国を見ていると、金融がそのあるべき姿、つまり世界経済の減摩剤としての役割に回帰するべきだと思いました。オバマ大統領の改革の目的もそこにあると思います。

最後に、世界に面した日中関係について、少しお話しします。今、日中関係と言えば、戦略的互恵関係と頭に浮かぶことかと思います。２００７年12月、私は北京大学での講演の際、日中両国の国際的な貢献を戦略的互恵関係の一環とすることを述べました。日本であれ中国であれ、今の国際社会においては大国です。しかし、私たちは日中、中日関係という狭い領域に閉じこもるのではなく、世界の平和と繁栄のために協力しあい、責任を分担し、手に手を取り合って努力していくべきです。ここで、一つ簡単な例をあげたいと思います。私が総理大臣だった頃、アフリカ問題に大きな関心を寄せていました。日中両国が協力しあい、一緒にアフリカの経済成長に力添えし、アフリカを貧困の窮地から引っ張り出すことができれば、それはとても素晴らしいことだと言いました。その後、両国の関係機関がこれらの問題について議論を始めたことを耳にし、大変嬉しく思いました。

そして当時、私は北朝鮮問題にも触れました。目下、私たちは東アジア共同体構築のビジョンを描いているところですが、北朝鮮問題はいつもそんな明るい未来に灰色のベールをかけるような存在で、頭を悩ませます。北朝鮮問題において、中国と日本の立場は大きく違いますが、少なくとも非核化における点では同じ目標を持っています。日中が今後引き続き共同の目標に向かって、朝鮮半島の非核化と平和安定に向けた更なる議論をしていくことを願っています。

今、世界は大きな変革の時期に差し掛かっています。経済はアメリカの一極から、徐々に多極体制へと移り変わりつつあります。新しい理念で言うと、「力の文明」から「和の文明」への移行だと思います。一昨年、光栄にも北京オリンピックの盛大な開会式を目の当たりにしました。その時、２００８人の人が「和」の漢字を作り上げました。中国もまた、「和の文明」への移行という思いがあるのだと感じました。

皆さんもご存知の通り、経済の世界では、ヒマラヤ山脈の麓のブータンは、かねてよりＧＤＰの数値よりも全国民の幸福指数を評価するシステムを提唱しています。最近、フランスのサルコジ大統領も、同じような主張を掲げました。新しい基準、あるいはシステムで、物欲が膨張する経済主義に太刀打ちしていくという考えです。言い換えれば、真の人間性を取り戻すことなのです。新たな文明の建設も、私が冒頭で申し上げた「創新」も、このような理念が反映されてしかるべきでしょう。中国の皆様が私の考えに賛同し、手を取って一緒に取り組んでいけることを切に願います。

（2010.9.7 21世紀フォーラム年会）

3-2　格差のないアジアの未来のため

３月11日に発生した東北地方太平洋沖地震に際して、中国政府及び国民の方々からいただいた多岐にわたる支援物資、義援金、さらに派遣していただいたレスキュー隊員の活動は、被災された人々の救援に大変役立っております。それのみならず、日本国民を大いに勇気づけています。

日本の東北地方にある福島原子力発電所における事故は、未だ困難な状況にあります。このような厳しい時に、貴国からいただいたご支援とお見舞いは極めて大きな励ましとなっております。この場をお借りして心より御礼申し上げます。

昨年４月、わたしはボアオアジアフォーラム理事長に選ばれ、光栄に存じます。わたしの任期中、私の立場からもアジアの地域協力と経済統合の促進に貢献したいと思っております。

２０１１年は、地域協力を目指す重要なプラットフォームであるボアオアジアフォーラム設立10周年となります。アジア経済の規模が益々大きくなるにつれて、ボアオアジアフォーラムは世界の主要な経済フォーラムの一つとなりました。このフォーラムではアジア諸国と地域のコンセンサスを得るための意見を発表するステージとしてだけではなく、全世界に向かってアジアの考えを発信し、相互理解を深めるための重要な窓口となってきています。

ボアオアジアフォーラムの年次総会への参加者は、中国をはじめアジアからの代表者が多数を占めています。その結果、過去十年間、ボアオアジアフォーラムはアジア地域経済統合と域内の目標の達成を促進するため、いろいろな面で大きな貢献をなし遂げました。そして、アジア諸国内の国民の相互理解を深めることにも貢献して参りました。

昨年は、理事会に欧米の経済・政治の要人を加えましたことは大変良かったと思います。わたしたちは他の地域の国々を除外して、アジアの経済発展を論じることはできず、域外の大勢の人たちと意見を交換することは、アジアからのフォーラムへの参加者にとって、大変に意味のあることです。今や、ボアオアジアフォーラムはアジアだけでなく、世界のすべての地域の政府、産業界、学者のリーダーたちがアジア及びグローバルの重要課題について論じるハイレベルなプラットフォームとなりました。

今年のフォーラムのテーマは、「包括的な発展」です。「包括的な発展」とは、グローバル化、地域経済統合がもたらした利益とメリットを、すべての国々と地域が享受すること、経済成長がもたらした収益と富の恩恵を、すべての人々が平等に受け、特に弱者および経済的な成長が遅れた国にもこれが及ぶことが大事だということです。この理念は、アジアの持続可能な発展を続けるための、重要な方向を示しています。

アジア諸国の経済発展とともに、高齢化の問題を含めた人口問題、環境問題、資源問題、食の安全も含めた食糧問題、水の問題はわたくしたちが直面する大きな試練です。有限な資源を有効利用する等、人間の知恵が必要です。この知恵を世界中の国々へ伝えなければいけません。アジアは経済発展をはかりながらも、ただ成長だけすれば良いという拡大発展モデルを改め、地域環境に配慮し、エネルギーや資源を有効利用することを目指さなければなりません。

アジアの国々は歴史、文化、宗教、民族など誠に多様ですし、政治体制も違います。お互いに発展の程度に差があり、多くの国と地域内部にもそれぞれ問題がたくさんあるようです。そういうアジアが内部の摩擦を少なくし、アジアを安全な地域にするためには、夫々の国が弛まぬ努力を続けなければなりません。アジア諸国と地域が相互理解を深め、お互いの間の垣根を出来るだけ低いものにして協力しあうことが緊要となってきました。

ボアオアジアフォーラムにしても、国際社会のあり方にしても、基本的な考え方は「地球はひとつしかない」「世界は地球村」ということです。日々の生活でも十分に将来を考えて行動する事が必要です。中国は人口の多い、経済発展の著しい国でありますが、今は環境、資源、食料などの様々な課題に直面しています。日本も、ほかのアジアの国も同じです。今年中には世界の人口は70億人に達します。2050年には、90億人を超えます。40年後のことですが、人口が増えるだけ資源、環境などの問題はもっと深刻になるのです。アジア諸国は「地球はひとつしかない」という理念から、省エネ、省資源のあらゆる面で協力してこそ、人類全体が持続可能な社会を実現することができます。

アジアの中で、日本は韓国、台湾地域などと共に、先に高齢化社会に入りました。高齢化社会で生じた様々の問題について、どう対応してゆくのか、どう社会の安定を維持するのか、このことは皆で考えなければいけません。日本は、20年間の経済低迷を経ていますが、私は日本経済について、長期的には楽観的立場をとっています。日本は資源のない国ですので、製造業は高い付加価値のある製品を作ることを目指しています。企業の国際競争力のために、技術革新、人材育成などの面で努力しています。今後、日本は重点的に社会に有意義な産業を発展させ、省エネ、省資源、環境に優しい産業を発展させなければなりません。私は、このフォーラムで、日本経済の成長性、特に少子高齢化にどう対応しようとしているのか、どの産業を発展させるのか等、様々な問題について日本から参加する方々からも説明して頂き、日本の経験をアジア諸国が参考にしていただくことを期待しています。

ご承知のとおり、中国はじめ所謂新興国は世界経済の中で、今や、大変大きな役割を果たしています。アジア地域には新興国が集中しており、金融危機以来、中国をはじめ新興国が世界経済の回復の原動力となりました。将来的に新興国の工業化と都市化は、先進諸国と共に発展するチャンスでもあります。都市化の一つの側面は生産と消費を集中させることで、規模を大きくし、社会的な生産効率を上げることです。他方、都市化の進展は、どんなマイナス効果を及ぼすか、この点についてはアジア諸国が既にこのことを経験している国々と協力し、問題を共有することも大切です。日本の都市化と高齢化がアジア諸国の参考となるようなものにしたいと思います。

アジア諸国では自由主義経済の歴史がまだ浅いと思いますし、欧米諸国の経験と教訓を学ばなければいけません。アメリカは長年にわたってアジアと経済関係が深く、アジア諸国への投資も、貿易もとても大きい国です。また、アメリカは早くから自由主義経済を実現した国であり、豊富な経験と知恵を持っています。ですから現実的に考えるならばアメリカがアジア経済統合の一員になることは自然なことでしょう。

注意すべきことは、近年、アジア諸国が経済発展を遂げる中で、お互いの間に紛争が生じてきたということです。アジア諸国は論争をまずは横に置いて、交流を促進し、これを通じて相互理解を深めることが大事です。もし、外交の問題処理の仕方が悪ければ、両国間の経済活動に携わる人々に不安が広がります。双方の政治家が話し合って、外交問題をうまく処理しなければいけません。幸いにして、昨年発生したアジアでの領土問題については、経済活動に大きなマイナスの影響が出ているように思えません。

アジア諸国は経済、政治、文化、歴史などの面から見て、世界中で最も多様性と相異性を持っている地域です。それと比較すると、欧州、米州、アフリカはそれぞれ全地域を含むような組織を構築しています。アジアだけが全地域を対象とした組織を構築し得ていません。しかし、「多様性」と「相異性」がアジアの一体性を妨げるようなことがあってはなりません。どのようにして、アジアらしい統合への道を歩むべきか。ボアオアジアフォーラムはそのための活発な議論を提供する場でありたいと思っています。

アジア諸国は経済統合に向かって、努力していますが、達成するにはまだ時間がかかると思います。アジア経済統合を加速するために、アジア諸国がお互いに理解を深め、国と国の格差を縮小すると同時に、国の内部の格差を縮めることが必要です。アジア諸国が各自の優位性を発揮し、あらゆる面で協力しあって、将来的に格差のないアジアを構築できればいいと思います。

今のところ、経済規模の面で、日本、中国、韓国の三カ国が前を進み、アジア経済統合の主要な原動力になりかけているようですが、アメリカ以外にインドも早い勢いで大きな存在に発展してきました。この中で、どの国が将来的に本当にアジア経済統合のリーダーシップをとる事になるのかは、しばらく様子を見る必要がありそうですが、私はその目的に向けて日本、中国、韓国がＡＳＥＡＮ、さらにはアメリカと協調を図りながら、引き続き主要な推進者であり続けることは自然なことだと思います。

ポスト金融危機の時代になって、いかに勢いのある安定した経済成長を回復し、経済を持続的発展の軌道に乗せるか。これは今、世界の国々が考えていることです。その中にあってアジアにおいては、どうしたら「包括的な発展」を実現できるのか、それは差し迫った、かつ根本的な問題ではないでしょうか。

このため、アジア諸国は協力を強め、お互いの間の格差を縮めて、情報を共有し、アジアの確かな未来のため、さらに努力を重ねていきましょう。このフォーラムで、「包括的な発展」について、存分に議論し、アジアの未来のために、建設的な提案がなされる事を大いに期待しています。

（2011.4.14 ボアオアジアフォーラム２０１１年年会）

3-3　日中経済交流に新たな局面を開こう

まずはじめに、曽培炎前副総理閣下が中国企業経営者代表団を率いて「日中企業経営者交流会」に出席するため訪日されたことを、心から歓迎申し上げます。また、今日、明日の2日間にわたる交流会の開催に向けて多大なる努力をされた関係者、そして、ボアオアジアフォーラム事務局の皆様に感謝いたします。

今年は日中国交正常化40周年にあたり、不惑の年を迎えた日中関係が、さらに高い次元へと進化する段階となりました。このボアオアジアフォーラムは、創設から11年を経て、今やアジアのみならず国際的にも影響力を有する経済フォーラムの一つへと成長し、アジア地域の健全かつ持続可能な発展の実現のために、各界・各層から英知を結集し、数多くのすばらしい見識を生み出して参りました。

そうした中で、この交流会を通じて、日・中を代表する企業経営者同士の新しい交流が生まれ、今後の日中関係がさらに深化していくことを期待しております。

本日お見えの皆様は、一人ひとり御紹介するまでもなく大変著名な企業経営者の方々です。

限られた時間ではございますが、この機会に、率直な対話と議論を重ね、日中経済交流の新たな局面を開くための知恵をお出しいただければと思います。併せて、これを契機に、ボアオアジアフォーラムの活動にもご関心を寄せていただき、アジアの健全かつ持続可能な発展に向けて、ともに手を携えていただければと思います。

近年、日本は、伝統的な製造業の強みを維持しつつ、中・長期的視点から先端技術やグリーン経済などの分野でも成長を続けております。明日、日本科学未来館へ行かれる方には、こうした日本の先端技術の一端に直接触れていただくことができるでしょう。

さて、ご承知のように、１年４カ月前に発生した東日本大震災は今なお日本人の生活に大きな影響を及ぼしています。この震災直後に中国をはじめ世界各国、各地域の皆様から寄せられた温かいお見舞と多大なるご支援を日本人は忘れることはありません。

こうした大規模災害にもかかわらず、日本の底力は決して失われることなく、むしろ、省エネ、省資源、環境保全などの分野では、より高い技術レベルへ展開していくものと私は信じております。

日中両国間の経済交流は、従来から日中関係の支柱の一つであり、大きな役割を果たしてきました。国交正常化以降、過去40年の間に、日中両国間の貿易は大きく増大し、昨年の貿易額は40年前の300倍以上とも言われております。

双方は引き続きこうした良好な関係を維持しながら、それぞれの経済状況と世界経済の情勢に応じて、日中経済協力のあり方を進化させていくべきでしょう。

そのためには、両国の政府間のみならず、本日ご在席の経営者の皆様の取組も欠かせません。ここに、五つの方向性を提起してみたいと思います。

第一は、震災、自然災害面における協力関係の強化です。

ともに自然災害の多い国同士が持てる知見、技術を出し合って、防災に万全を尽くす体制が望まれます。また、ひとたび災害が発生した際、および、発生後の復旧に向けての対応には、両国企業の協力関係が重要と考えます。この分野における交流と協力を望みます。

第二は、グリーン経済の協力を強化することです。

グリーン経済を発展させることは世界経済の潮流にも合致しており、将来にわたって、日中両国経済の主要分野となるでしょう。限られた資源を考えた時、環境を犠牲にして成長を図るという従来の発想から転換して、成長の質を高める努力を怠ってはなりません。大変喜ばしいことに、中国でも、すでに多くの措置が講じられ、環境にやさしい社会と資源節約型社会の実現に取り組んでいるようです。報道によりますと、一部の日本企業が中国側と協力して、新エネルギー自動車事業を推進しているとのことです。中国は既に世界最大の自動車生産・販売国となっている一方、日本は世界屈指の自動車産業国であり、双方が新エネルギー自動車の協力を行うことは、正に時宜を得たものでしょう。

このように、両国の企業が共に協力して、グリーン経済の潮流をリードしていくことを期待いたします。

第三は、金融協力の強化です。

債務問題に苦しむ欧州経済は、ギリシャの総選挙で緊縮財政派が勝利しましたが、依然として、先行きが不透明な状況が続いています。こうした中、日中は世界経済の安定的成長のために重要な役割を担っています。ＩＭＦの資金基盤強化では、日本が６００億ドルの資金協力を表明したのに続き、中国も４３０億ドルの貢献を表明しました。アジアでも、チェンマイ・イニシアティブの規模倍増などの強化策に合意し、アジア経済の安定的な成長のために一致して取り組んでいます。さらに、日中の二国間レベルでは金融協力の枠組みが立ち上げられ、６月からは円と人民元の直接交渉取引が本格的に開始されました。日中のこうした協力関係を、様々なレベルでさらに深化させていくことで、両国がアジアだけでなく世界経済の安定と発展にさらに貢献していくことを期待しています。

第四は、地域一体化のプロセスを共に推進することです。

ＧＤＰ規模が世界第2位と第3位の経済大国として、日中両国は、アジア地域の経済に大きな影響力を持っています。昨年、両国は東アジア地域経済統合、ＥＡＦＴＡ（ＡＳＥＡＮ＋3）・ＣＥＰＥＡ（ＡＳＥＡＮ＋6）に関して、共同で重要なメッセージを発信することができました。日中両国は関係各国とも協議しながら、健全かつ持続可能なアジア地域の発展に向けて、主導していってほしいと思います。

ご在席の皆様にも是非そのために力を発揮していただきたいと思います。

第五は、戦略的互恵関係を深化させることです。一衣帯水で繋がった日中両国は長い交流の歴史を持ちながらも、現実には政治体制や経済事情などの違いが存在しています。それにも関わらず、それだからこそ、われわれは冷静にお互いの重要性と影響力とを認識して、平和的で、友好的な協力関係を、次世代のために築かなければなりません。

本日お集まりの日中両国を代表する企業の皆様にも、日本と中国、アジアと世界、現在と未来の架け橋として、重要な役割を果たしていただきたいと思います。この交流会が新たな出発点となり、両国企業の互恵関係がさらに深化するよう願ってやみません。

（2012.7.5 ボアオアジアフォーラム・日中企業家交流会）

3-4　変貌する世界の中のアジア

ボアオフォーラムを代表して２０１２年年次総会にご出席いただいた皆様に心より御礼申し上げます。

昨年２０１１年において、世界は経済の面においても大きな変化がありました。これらの動きについては、このフォーラムのいろいろなセッションにおいて専門的な分析がなされていますので、私はここで述べることは致しません。私はこのセッションのテーマである「アジアの健全かつ持続可能な発展」を考える上で留意すべき点を五つのキーワードを使って述べたいと思います。

第一のキーワードは「経済成長率」です。

アジアの多くの国々はその経済基盤が必ずしも安定していないだけに、各国が一定の経済成長率を保つことはアジア自身にとってまず必要なことであり、同時に、アジアから世界経済への貢献でもあります。

アジアは人口が多く、大きな雇用圧力に直面しているので、経済成長を維持してこそ、各国の雇用圧力を緩和し、経済の持続可能な発展を実現することができます。

昨年のG20カンヌ・サミットにおいて、20カ国の首脳達は、成長と雇用のための行動計画を採択し、成長と雇用を社会の持続可能な発展の基盤にすることで合意しました。現在、中国やインドといった新興国の経済成長率は欧米諸国のそれを大きく上廻っており、欧米各国の雇用が海外にシフトして、アジアを自分の能力を生かす場所とする欧米人がどんどん増えています。

このような意味でも、アジアの国々は経済成長を維持してこそ初めて雇用問題を解決し、健全かつ持続可能な発展を維持することができると思います。

第二のキーワードは「内需」です。

アジアの健全かつ持続可能な発展を実現するには、欧米国家への輸出に頼るのではなく、各国の内需拡大を基盤としなければなりません。

金融危機によって欧米市場は萎縮し、輸出主導型のアジアの経済成長スタイルは世界経済低迷の影響を受けています。外部の市場がどんどん縮小する中で、アジアの国々の間では相互依存度が高まってきています。

ボアオフォーラムの本年度のアジア競争力レポートによると、アジアの国々の相互依存度は、６年前の46パーセントから53パーセントにまで増大しました。

これまでは輸出主導型の経済によってアジアは急速な成長を遂げてきましたが、同じようにこの道を歩み続けていれば、いずれ成長の限界にぶつかるでしょう。

そこで、アジアの国々はお互いを市場とすると共に、自らの内需を拡大してこそ、経済の健全で持続可能な発展の道を見つけることができるのです。

実際問題として、内需を拡大し国内市場を経済成長の力点とすることは、中国を含むアジア各国が抱えている喫緊の課題です。

すでにアジアの国々は一連の措置を講じて内需拡大戦略を実施し、経済の構造調整と民政改善に取り組んでいます。

たとえばここ数年、中国政府は国民の購買力を高め、所得分配制度の改革に力を入れ、ベースアップ制度を完備させ、最低賃金を高めるなど、数多くの取り組みを行ってきました。

昨年のボアオフォーラム年次総会開幕式で、胡錦涛中国国家主席は「共同発展を図り、調和アジアを作ろう」というスピーチの中で、向こう5年、中国は内需拡大、特に消費ニーズの拡大に力を入れ、長期的に有効なメカニズムを構築し、消費のポテンシャルを掘り起こし、消費、投資、輸出の三位一体で経済成長を牽引していく旨を明らかにしました。

このような措置は、中国ひいてはアジア全体の発展にも重要なチャンスを与えると思います。

第三のキーワードは「格差」、すなわち所得の公正な配分、の問題です。

21世紀に入り、経済のグローバル化が進むにつれ、アジア域内でも国と国の間の様々な垣根が取り除かれ、モノ、カネ、情報、そして人の自由な行き来が加速するようになっています。

このような動きはアジア全体の富を高めることにつながっていますが、他方、開かれた自由な市場経済の中では、強くて実力のある経済プレーヤーがどんどん豊かになる一方、力のない者は貧しく落ちぶれていくことにもつながりかねません。

国単位で言えば、経済力の強い国は勝ち続けてどんどん豊かになるでしょうが、弱い国はその逆です。

個人のレベルでも同様で、本人の実力や運により世界に飛び出していってグローバルな仕事に取り組める人は豊かになるでしょうが、それができない人にとっては厳しい社会となるでしょう。

アジア経済のグローバル化が進んでいく中で健全かつ持続可能な開発を進めていくために、我々アジア各国は、グローバル化の果実が各国、そして各国国民に等しく均てんするように、各国間の格差、そして国内の格差問題により積極的に取り組んでいくことが必要になると思います。

胡錦濤主席が主張されている「和諧社会の実現」ということも、このことが一つのテーマと考えてのことでしょう。

また、こういった問題について、各国がバラバラに対応するだけでなく、共通して取り組む可能性についても議論を始めていく必要があると思います。例えばＡＳＥＡＮ内では、２０１５年のＡＳＥＡＮコミュニティ設立に向け、新議長国カンボジアの下でこのような議論が行われようとしているとも側聞しています。

第四のキーワードは「エネルギー・資源・環境」です。

経済成長著しい中国では、エネルギーや環境の問題が国を挙げての問題になりつつあります。中国は、現在20基近くある原子発電所を大幅に増やそうと計画しているようです。

環境問題は日本が高度成長時代に歩んできた道でもありますが、日本のかつての経験と比べても、中国では問題がより速いスピードで、より広域に深刻化しつつあり懸念されます。インドについても深刻さは同様で、インドは原子力発電所を現在の20基を数倍に増やそうとしています。

さらにインドについて特記すべきは、中国と異なり人口制限・産児制限をしていないことです。現在のテンポでインドの人口増加と経済発展が続けば、いずれインド自らのみならず、世界全体にとってエネルギーや環境で深刻な問題を生じせしめることになるでしょう。

東南アジア諸国でも、エネルギーや環境汚染が深刻な問題になっていると聞いています。

これら新興経済大国の急速な成長に伴い、各国間で限られた資源やエネルギーの取り合いが深刻になれば、すでに豊かな先進国やこれら新興経済大国の間で一番「割を食う」のは、開発途上の中小国でしょう。

今から40年前の1972年にイタリアの民間シンクタンク「ローマクラブ」が、100年以内に人類の成長は限界に達するという有名な報告書を出しました。その20年後に続編として発表された「限界を超えて―生きるための選択」という報告書では、資源採取や環境汚染の行き過ぎにより、21世紀前半に破局が訪れるという、さらに悪化したシナリオが提示されています。

昨今のアジアの経済成長は、資源やエネルギーの大量消費を代価としてきました。またその結果として、種々な環境問題が発生してきました。このような資源エネルギー大量消費型、環境負荷型の経済成長モデルは、もはやアジアにとり「健全」でもなく、「持続可能」でもなくなりつつあることに、我々は気がつくべきです。

日本はご承知のとおり資源に乏しい国ですから、何十年も前から循環型経済あるいはグリーン経済といった、健全で持続可能な成長スタイルを確立することが模索されてきました。政府の指導もあり、日本の企業は省エネを革新的競争力の一つと見なし、省エネ技術の開発を重視してきました。とりあえず何よりも必要なことは技術の進展です。

これからは、アジアのすべての国が、時には競い、時には協力する形で、省資源、省エネルギーに焦点を当てた新しい技術開発を、お互いに協力し合いながら進めていくことが是非とも必要です。

第五のキーワードは「経済連携と経済統合」です。

アジアの健全かつ持続可能な発展を実現するには、地域経済協力をさらに推進しなければなりません。まさにこのボアオフォーラムはアジア地域経済協力の推進を趣旨とする組織です。大変喜ばしいことに、アジアの一体化プロセスは、目に見える形で進展を遂げてきています。統計によると、アジアには今、192のFTA協定があり、しかもその数字が年々増えています。

アジア開発銀行のデータによると、2005年に東アジア15の国と地域の域内貿易は、すでに貿易総量の55・6パーセントを占めています。EU15カ国の同じ域内数値60パーセントとも肩を並べる数字です。

1980年以前、アジア各国にとって太平洋の対岸である北米との貿易は、アジア域内の貿易を遥かに上回っていました。この構図が1980年代後半になって、アジアの域内の貿易が急速に拡大し、アジアの貿易総量の半分以上を占めるに至りました。関係機関の分析では、これからの100年で、アジア域内の貿易は年平均12・2パーセント拡大し、北米との貿易を70パーセント上回ると予測されています。

現在、世界の人口70億人の内、40億人がアジアに住んでいます。そのアジアの中間層は現在9.4億人ですが、2020年には20億人になると言われています。アジアの経済が大きく進展していく中で、各国間の経済連携が進み、経済統合への道を歩んでいくのは時代の当然の流れでしょう。

ここで気をつけなければならないのは、現在各国でバラバラに進んでいる経済連携の流れが、アジアの経済統合ではなく経済分断につながってはいけないということです。

たとえば最近の大きな流れで言えば、ＴＰＰや日中韓、アセアンプラス3等の経済連携の動きがありますが、これらが競合したり、排除しあうような形で作られていくのではなく、お互いが調和をとりながら連携し、いずれ統合することを目指して議論し形づくっていくことが重要だと考える次第です。

5月に北京で日中韓の首脳会談が行われる予定とも聞いていますが、そのような機会に、是非アジアの経済統合のあり方について、このような大局的な議論をしていただきたいと思っています。

以上、アジアの健全かつ持続可能な開発を進めていく上での五つのキーワードとして、「経済成長率」「内需」「格差」「エネルギー・資源・環境」「経済連携と経済統合」を申し上げました。

これらをさらに超える、アジアの発展を支えるべき大きな精神（スピリット）といったものは、いったいなんなのでしょうか。

私は、今から300年近く前に、日本が徳川将軍家の下で鎖国を行っていた時代に、日本の中央部、近江地方（京都に近い）で広く商業活動を行っていた「近江商人」達の間で普遍的経営理念とされていた、「三方よし」の精神をご紹介したいと思います。

三方良しとは「売り手良し、買い手良し、世間良し」を意味します。すなわち、商売を行うときに、売り手の自分だけが儲けて得をするのではなく、商売の相手、すなわち買い手にも得をして幸せになってもらう、さらに、取引が行われる場所である世間全体にも利益をもたらす、ということを意味します。

アジアが健全で持続可能な開発を進めていくためには、各国が自国の利益だけをエゴイスティックに追求するのではなく、相手の利益もおもんぱかり、さらにアジア全体の公益を考える、この三方良しの精神を持つことが必要ではないでしょうか。

これは単に日本人だけでなく、アジア全体の多くの人々にとって共有可能な、まさにアジア的な価値観ではないかと思うのです。

（2012.4.1 ボアオアジアフォーラム2012年年会）

3-5　相克を乗り越えてより成熟した関係構築の「共通項」

第8回日中韓賢人会議を開催するにあたり、基調講演をさせて頂くことを光栄に思います。奇しくも今から丁度5年前の7月7日から9日、このホテルに世界主要国の首脳が集まり、G８およびG20首脳会議が開催されました。当時私は総理大臣として、ジョージ・ブッシュ大統領をはじめ、胡錦濤主席、李明博大統領、各国首脳を当ホテルにお迎えしました。

実はその際に心配したことの一つが天気のことでした。

このホテルから洞爺湖を望む景色は大変結構なのですが、この季節は天気が変わりやすく、霧の多い季節とも言われています。実際、５年前の会議の間は雨模様でした。ただ、各国首脳と記念写真を撮る一瞬だけ霧が晴れ、背景に洞爺湖が見えたことを良く覚えています。

本日は霧もなくすばらしい天気です。これは本日御出席の皆様の心がけが良いからです。いずれにせよ、私としては、洞爺湖にかかる霧もさることながら、日中、日韓の上に覆い被さっている雲や霧が早く晴れて欲しいと、心から願っております。

我々が日中韓の関係を考える際にまず心に置かなければならないことは、この三カ国が、地理的にも、歴史的にも、文化的にも、経済的にも、政治的にも、そして民族的にも密接に繋がっており、お互い離れられない関係にあるということです。確かに三カ国は時には争い、いがみ合うことがあります。しかし三者は運命の絆によって結ばれており、それを切り離すことはできません。

この賢人会議においては、私は現在の日中関係や日韓関係をめぐる個々の問題の一つ一つを取り上げることはいたしません。賢人会議の名前に相応しい、より高い次元、そしてより長期的な観点から三カ国の関係を考えましょう。そして、三者の協力連携を拡大し、お互いが共に栄えていくために、いかなる切り口から物事を捉えていくべきか、について皆様と議論いたしたいと思います。

より哲学的に言えば、行き詰まり感のある現在の日中韓関係を弁証法的にアウフヘーベン（止揚）し、乗り越えて、より高い次元の成熟した関係に持って行くための施策について、共に語り合いたいと思います。

日中韓が現在の相克を乗り越えてより成熟した関係を築いていくために必要なキーワードは、「共通項は何か」ということではないかと思います。冒頭申し上げたように強い運命の絆で結ばれている三カ国が、お互いどのような価値や課題を共有しているかを探し、確認し、そしてそれらについていかなる協力や連携を行いうるかを探っていくことが重要ではないかと思うのです。

一昨年来、中国、韓国で行われた賢人会議で、三カ国が共通で使用できる漢字を賢人会議として選定してはどうか、との提案があり、検討されて来ました。すばらしい考えだと思います。

人間が人間であることの一番の理由は言葉を持っていることです。人間は言葉を持つことによって自我に目覚め、言葉を操ることによって自分と他者を知ります。共通する漢字、いわば共通する言葉を持つことは、日中韓の人々がお互いを理解しあう上で、極めて重要なことだと考えます。

現在、三カ国の賢人会議のメンバーが５００字の共通の漢字を選定する作業を行っていると聞いていますが、一刻も早く成果が会議に報告され、発表されることを願っている次第です。

私は本日のこの基調講演で、日中韓の三者が協力連携を進めていくべき三つの分野を取り上げ、問題提起をさせていただきたいと思います。それは第一に高齢化社会の到来への対応であり、第二に環境とエネルギー問題であり、そして第三は地方レベルの、ローカルな協力です。以下順番にお話させていただきます。

高齢化社会の到来は日本においては既に顕在化し、深刻化しつつある問題であり、韓国や中国にとっても顕在化しつつある、あるいはこれから確実に直面する大きな問題です。

日本経済センター等の試算によると、２０５０年の日本の老年人口割合は40パーセントとなり、実に五人に二人は65歳以上という超高齢化社会が到来することになります。韓国でも日本と同じように２０５０年には約40パーセントの超高齢化社会がやってきます。

中国については、現在65歳超の高齢者が1億人以上住んでいると言われていますが、２０５０年にはその数が3億3千万人になると試算され、中国全体の人口の25パーセントが老年者になる、ということになります。

日中韓における社会の高齢化は、老年人口の数の増加のみならず、そのスピードが非常に速いという意味においても問題です。

世界で人口の高齢化が最初に問題となったのは20世紀の欧州諸国でしたが、その進行はゆっくりとしたものでした。

人口学において、人口に占める65歳以上の割合が7パーセントから14パーセントに変化するのにかかる年数を「倍加年数」というそうですが、西欧先進国全体の倍加年数は平均して約60年かかりました。

これに対し日本は１９７０年から95年までのたった25年間で、老年者人口が７パーセントから14パーセントに「倍加」しました。「倍加」が現在進行形の韓国では２０００年から２０２０年の20年、同じく中国は２００５年から２０３０年の25年間でそれぞれ老年人口が倍加すると見られており、両国とも日本並み、あるいはそれ以上の早さで高齢者の数が増えつづけている状態です。すなわち、日中韓では世界で前例が無いほどの速いスピードで高齢化が進んでおり、社会や経済に対するインパクトも極めて急激で、大きいということです。歴史に先例がない以上、高齢化への対応策は欧米諸国を見習うことはできません。

高齢化社会の到来に向けて各国がとるべき課題は数多くありますが、特に重要なのが、年金や医療保険など、社会保障制度の整備だと思います。例えば中国では社会保障制度がまだ十分でないことから、人々が老後の生活に向けて若いときから貯金をして行かざるを得ず、そのことが中国経済の今後の発展にとって必要な内需拡大のブレーキになっていると聞いています。

日本では、国民皆保険制度、年金制度を整備し、欧米諸国と比べても遜色のない社会保障制度を作ってきました。しかし、少子高齢化時代を迎えて、年金や保険のお金を積み立ててくれる若い人々の数が減る一方、年金を受け取ったり医療費を多く使ったりする高齢者の数がどんどん増えていることから、赤字が拡大し、このままでは制度を維持していくことが困難になっています。来年予定されている消費税の引き上げは、この財政困難を改善するための策の一つです。

日本の教訓から学べることは、ユニバーサルな社会保障制度を作り出すことももちろん重要ですが、高齢化社会においてそれを維持していくことは容易な技ではできないということです。日中韓がお互い知恵を出し合って、歴史に例のない、この極めて困難かつ重要な課題に、どのように取り組んでいくべきか考えていかなければなりません。

産業の発展、教育の高度化に伴う都市化、即ち人口の都市集中現象、そしてその反対の現象としての地方の過疎化も深刻な問題です。

人口の都市への集中は、高度成長時代の日本でも発生し、そして現在の中国や韓国でも起こっていることだと思います。若者が都市に出て行き、高齢者が地方に取り残されるという現象は、なにも昨日今日に始まった話ではありません。しかしながら各国で社会の高齢化が進んでいくと、都市化・過疎化はさらに深刻な様相を示していくことになります。

日本では既に始まっている現象ですが、都市化は若者のみならず高齢者も、生活に便利な大都市に引き寄せてしまいます。地方では空気は綺麗で景色は良いかもしれませんが、高齢者にとって必要な病院や種々の社会福祉インフラ、交通システムなどは大都会の方が充実して整っているからです。その結果、地方では「若者がいなくて老人ばかり」の状態から「若者もいないが老人もいない」状態になりつつあります。

日本語で「限界集落」という言葉がありますが、これは、町や村の人口が減少を続け、集落の高齢化がさらに進んだ結果、一つのコミュニティを維持していく上での自治や生活インフラの管理、冠婚葬祭などを維持していくことが困難になりつつある状況を意味します。

２００６年に日本の国土交通省が行った調査では、全国の過疎地域の約６万３千集落を調べたところ、全体の約13パーセントの約８０００集落において65歳以上の高齢者が集落人口の50パーセント以上を占めており、さらにその内、機能維持が困難になっている集落が約３０００集落、10年以内に消滅、あるいはいずれ消滅する可能性のある集落が２６００集落あった、ということでした。

日中韓の三カ国は、少子高齢化が進んでいく中での都市のあり方、地方のあり方、ということを、真剣に考えていかなければなりません。

このような少子高齢化対策を解決する処方箋の一つとして良くあげられるのは、移民の受け入れです。

少子高齢化が進んでいる日中韓各国においても、今後移民の受け入れについての議論が盛り上がっていく可能性は、理論的にはありえます。ただ、外国人労働者の受け入れについては、それぞれの自国の社会、経済等に対するインパクトが大きいので、慎重な検討が必要だと思います。

さらに日中韓の間でいえば、お互い様々なレベルでの人間の交流を活発にすることは重要だと思いますが、移民労働者の受け入れという形で若年労働者を取り合う、というのは、あまり現実的ではないような気がします。

なお、この社会の高齢化の問題との関係で、中国の「一人っ子政策」について一言申し上げたいと思います。

中国はいわゆる「一人っ子政策」を今から三十有余年前に導入しました。これは申すまでもなく、人口12億人を抱える人口大国として、人口増加を抑制するためにとった施策です。人口を政策でコントロールするということは為政者にとって極めて重い判断です。中国がもし、あの時「一人っ子政策」をとっていなかったら、中国が高齢化社会の問題に直面するのは、ずっと先のことになっていたでしょう。しかし、もし中国が「一人っ子政策」をあの時とらなかったら、その後の中国は人口爆発を引起し、中国のみならず、世界全体を食料、エネルギー、環境といった様々な分野において破滅的状況に巻き込んでいたかもしれません。そのことを考えると、これは責任ある選択であり、世界の文明史から見ても偉大な決断であったと思います。

このようなことを何故申し上げるかと云うと、現在アフリカでは急速な人口増加が続いています。今の10億が倍の20億になるとも云われております。

アフリカ諸国の中には、世界第二位の経済大国になった中国にあやかって、自分の国もどんどん人口を増やして新たな大国になろう、という意見もある、と聞いています。

でもそれはどうでしょうか。人口を増やしていけば、その人口を養うために必要な経済力を蓄え、成長させていかなければなりません。人口を増やせば経済が比例的に発展するという訳には参りません。重要なのは一人あたりの国民所得が伸びるようにすることです。

御列席の皆様、今回の分科会において採り上げられる環境、エネルギーに関わる問題は、日中韓三カ国が今後直面していく重大な課題であり、それ故に多くの協力の余地がある分野だと思います。

日本は１９６０年に始まった高度成長時代の中で、１９６５年頃からいわゆる公害問題が深刻な社会問題になりました。工場や自動車等からの排気ガスによる大気汚染状態を示す「スモッグ」や、川や湖、海にたまった汚染された泥を意味する「ヘドロ」といった言葉が日常使われるようになり、工場地帯を通る川は汚れて魚は住まなくなりました。空気は汚染され子供達はマスクをつけて登校しなければならない有様で、遂には東京から富士山は見えなくなりました。

環境問題の悪化の裏返しとしてあったのはエネルギー問題でした。

資源に乏しい日本は、エネルギーの多くを石油をはじめとして海外からの輸入に頼ってきましたが、1974年の、当時のOPEC（石油輸出国機構）による原油価格の大幅値上げにより、いわゆる「石油ショック」が起こり、物価が23パーセント以上も急騰し、「狂乱物価」といわれる状況が発生しました。流言飛語が飛び交い、製紙工場で石油が不足し、トイレットペーパーが足りなくなる、との噂が流れ、人々が買い占めに走って、スーパーマーケットの棚からトイレットペーパーがあっという間に無くなるという珍現象も起こりました。

その後、公害問題については国を挙げての対処、さらには環境関係の技術革新の積み重ねにより、状況は大きく改善されました。東京から富士山が見えるようになり、東京を流れる川に魚が戻ってきました。さらに、エネルギー調達先の多様化や備蓄、省エネルギー技術の発達により、日本は、エネルギー消費効率の極めて良い国になりました。

しかしながら、自国のエネルギーに乏しく、狭い国土に1億人がひしめいている日本にとって、環境・エネルギー問題が依然として困難を伴う重要な課題であることに変わりはありません。

その上、一昨年の福島原発の津波事故の影響により、エネルギーの前途について新たな不安が追加されました。

現在アジアでは、中国をはじめとして高い経済成長が続き、世界の工場とも言われるようになっています。それに伴い環境問題が顕在化し、また、エネルギーの安定供給が重要な課題となっています。これは一見すると、かつての欧米、さらには日本の高度成長時代のデジャ・ビュに見えますが、中国の経済成長のスピードは、かつての日本の高度成長と比べても極めて早く、また、人口が十倍以上もあることから、欧米や日本の先例と簡単に比較することはできません。例を見ない急速な経済成長に合わせて環境問題も非常に早いスピードで進む傾向にあるので、対応が追いつかない状態にあることが深刻な問題です。

世界のグローバリゼーション化により、モノ、人、情報の国境間の移動が等比級数的に増加していく中で、特に地理的に近接している日中韓の間では、環境問題はお互い「人ごと」ではありません。

一昨年の福島の原子力発電所の事故で、日本から中国・韓国に輸出される多くの日本製食料品の安全性が問題となりました。また逆に、中国や韓国から日本に輸入される野菜や食料の安全が問題になることもあります。

また、三カ国は国境を接し、あるいは一衣帯水で繋がっていることから、例えば微小粒子状物質（ＰＭ2.5）や黄砂問題に見られるような国境を越えた環境問題への協力は喫緊の課題です。

エネルギー問題についても、日中韓三カ国が、世界のエネルギー供給が逼迫していく中でそれを奪い合う、という形になってはいけません。三カ国で賢者の知恵を働かせることが必要だと思います。

環境問題やエネルギー問題に対処していくにあたっては、科学技術面でのブレークスルーが極めて重要です。

例えば電気自動車の開発は、大気汚染といった環境問題の改善に極めて大きなインパクトを与え得ます。また、アメリカで開発されたシェールガスの採掘技術は、エネルギーの需給バランスを大きく変える可能性があります。

ちなみに、シェールガスの潜在埋蔵量が世界で一番多いと言われている国は中国です。技術開発により環境問題やエネルギー問題を克服し、乗り越えていく。そのために日中韓三カ国が産、官、学で協力できる分野は数多くあると思います。分科会でもそのような可能性について具体的に御議論いただければと思います。

その上で、あえて一つ申し上げたいことがございます。

私は中長期的にみて、今までのようなエネルギー面や環境面で地球に負荷をかける経済成長モデルは、日中韓のみならず、世界全体にとって、21世紀においてはもはやサステイナブルではない、と考えております。

世界の人口が増え続け、さらにグローバリゼーションにより世界全体の「富」が大きく増えるようになり、人類は歴史上例を見ないスピードでエネルギー、資源を消費し、環境を悪化させる体質になっています。

地球環境問題に見られるように、これらはリージョナルなだけではなく、グローバルなレベルで地球全体に大きな影響を及ぼしています。我々が経済の繁栄を続け、サステイナブルな社会を維持していくためには、科学技術の進展に頼るだけでは不十分です。消費者や生産者、すなわち我々一人ひとりのマインドや行動パターンをより環境フレンドリー、省エネ指向に変えていかなければならないのではないでしょうか。

韓国のソウルでは、李明博前大統領がソウル市長の時に行った、清渓川（cheong gye

river）プロジェクトにより、首都の地下に潜っていた暗渠が、美しい見事な河川公園として復活しました。今では多くのソウル市民の憩いの場になっていると聞いています。

東京でも都心の多くの高速道路はかつての川を埋め立ててその上に作られていますが、その川を復活するのは容易ではありません。韓国がうらやましい限りです。

日本では私が官房長官をしていた10年ほど前に、クールビズが導入され、7月から9月までの3カ月間はノーネクタイ、ノージャケットでの出勤が奨励されるようになりました。現在は7月を6月に繰上げ、4カ月間に延長し、また官公庁はじめ多くの企業では夏でも冷房の温度設定が28度以上とされるなど、「エコロジーな生活」が国民の間で広く行われるようになっています。各国でもいろいろな取組みをしているものと思います。

最後に地方レベルの交流について申し上げます。

今回の賢人会議においては、ここ地元の北海道の商工会議所会頭をはじめ、中国、韓国の地方の幹部の方々にも御出席をいただいています。日中韓三カ国の間で、地方レベルの交流を進めることが極めて重要であることを、改めて述べさせて頂きたいと思います。

グローカリゼーションという言葉があります。グローバリゼーションとローカリゼーションを掛け合わせた言葉で、様々な意味で使われていますが、「地球規模で考えながら、地域レベルで活動する」というのが一つの説明としてあると思います。世界を見るときに、グローバル、リージョナル、ナショナル、ローカルと様々な次元で物事を考えていくことができます。

20世紀はまさにナショナル、つまり国家単位が中心の社会でした。21世紀に入りグローバリゼーションが進展するにつれて、モノやカネ、情報が世界を自由に飛び回るようになり、国境の垣根が低くなり、ナショナルの重要性が相対的に低下する傾向にあると言われています。

面白いのは欧州の例です。欧州は永年かけて欧州連合というリージョナルな固まりを作りました。ＥＵ域内の人の移動は自由になり、関税が無くなり、ナショナルな垣根が大幅に引き下げられたのです。その結果、多くの欧州内の人々の中に、自分のローカルなアイデンティティ、つまり、国ではなく自分の住む地元、地方に対する所属の意識が強く生まれてくるようになった、という話を聞いたことがあります。グローバル化は国家に対する、すなわちナショナルな帰属意識を相対化させましたが、ＥＵの場合は加盟各国家がＥＵに統合されていく中で、人々の間にローカルな帰属意識が従来より強く持たれるようになってきた、ということです。

北東アジア、すなわち日中韓においてもグローバル化は隅々まで行き渡るようになっています。その結果、ナショナルな、すなわち国家単位で物事を考える発想は相対化されていくはずなのですが、三カ国各々においては、良くも悪くもナショナルな意識が国民の間で依然、かなり強く共有されており、それが時として狭量なナショナリズムとして噴出し、各国間の関係をギクシャクさせるようになっています。

そこで、期待したいのがローカルなレベルでの日中韓の三カ国での様々な交流、関係の強化です。グローバリゼーションがナショナルな帰属意識を相対化させるように、ローカルレベルでの交流も、ナショナルな帰属意識を中和化する作用があります。

最初のうちは「自分は韓国人だ」、「日本人だ」と肩を張っていても、地方レベルでダイレクトな交流を深めていけば、いずれ「お互い仲間だ」、「同じ人間だ」とわかり合えるようになるということです。

例えば日本の各都市と中国の各都市の間では、毎週600本の直行便が飛んでいます。韓国の各都市との間では、毎週670本の直行便が飛んでいます。地方レベルでの三カ国の結びつきを強めていくことは、日中韓が今後共に栄え、安定した前向きの関係を築いていく上で極めて重要だと思います。

「賢人は先人達の歴史から学ぶが、愚者は自らの経験しか学べない」という格言があります。

我々が「賢人」に値するのか、どうかは別として、少なくとも今まで各国の政治や経済、学術に関わってきた「先人」として、三カ国の新しいリーダーシップに対して、我々が過去、経験し、時には成功し、時には失敗しつつ学んできた体験を、歴史のささやかな一節として伝えていく義務はあると思います。

かかる意味で、今回のこの賢人会議で、創造的、戦略的な議論を聞かせていただくことができることを楽しみにしております。

（2013.7.8 第八回日中韓賢人会）

3-6 「失敗」の教訓を成功の元に

言論ＮＰＯの最近の世論調査によれば、日本人の中国に対する印象も中国人の日本に対する印象も「良くない」が、それぞれ90パーセント近いというきわめて悪い数字になっています。

私は日本国民が中国「国民」に対し、あるいは中国国民が日本「国民」に対して抱いている感情は、各々が相手の「国」や「政府」に対して抱く感情とは、必ずしも一致していないと思っています。

最近、週末に東京都内の繁華街を歩くと、中国から来られた観光客の人々で街があふれるようでした。また、多くの中国人が日本の各地を訪問するようになっています。さらにたくさんの日本人がビジネスや観光，勉強のために中国を訪問・滞在しています。両国国民の間の感情は一般的には前向きで、全体として友情と礼節にあふれていると思います。

しかしながら、両国政府の間にいくつかの難しい懸案があることから、この世論調査にあるように相手の「国」に対するイメージが非常に悪化していることは紛れもない事実です。日本と中国という一衣帯水で繋がり、世界第二、第三の経済大国が有るこの地域が、世界の紛争地域だと云われるようなことあれば、率直に申し上げて、日中両国にとって恥ずかしいことだと思います。

両国政府リーダー達が大局的国際的な判断をして解決をしていかなければなりません。このような観点から、私は安倍総理と習近平主席のお二人のリーダーシップに大きく期待している次第であります。

私が愛読している本の一つに今から約百年前、1909年に出版された朝河貫一（あさかわかんいち）という日本人学者の著書、「日本の禍機」があります。朝河貫一は明治維新直後の時代に生まれ、日本が文明開化の息吹も間もない発展途上国だった時代に、早稲田大学の前身である東京専門学校を卒業したのち、アメリカに留学し、エール大学の教授にまで登り詰めました。当時の日本人としては希な国際人、知識人です。

朝河がその著書を発刊したタイミングは1904年から1905年の日露戦争で、東洋の小国日本が大国ロシアに勝利し、世界を驚かせた直後でした。日本人の多くが自国の勝利に酔い、自らに自信とプライドを持ちはじめた時期です。

そんな時に朝河は遠いアメリカの地から日本に対し、日露戦争の勝利により、今まで日本に好意的であった米国が日本に対し警戒感と批判的な認識を持つようになったことを指摘します。そして、本来国力では敵うはずのないロシアという相手に勝ってしまったことにより、日本人自身が自らを過大評価し、慢心し、自国を誤った方向に持って行ってしまう恐れがあることに強い警鐘を鳴らしました。

その後、日本が第二次世界大戦に向かってどのような道を歩んでいったかについては、今更皆さんにご説明するまでもありません。日本人は朝河教授の警告に耳を傾けることなく、他国に迷惑をかけ、自滅の道を辿って行ったのです。

もう一つ日本の「失敗」のお話をします。時代は下って1990年、イラク軍の突如のクウェート侵攻に端を発した湾岸戦争により国際社会が大きなチャレンジを受けた頃のことです。

当時、日本はバブル経済の真っ盛りで、『Japan as No.1』という本が有名になったり、あるいは『「Ｎｏ」と言える日本』という本が話題になったりして、日本という国の勢いは絶頂期でした。金あまりの力で米国の土地やビルを買い漁り、経済力があればなんでもできるといった自信に満ちた、云い換えると過信に溢れた時期でした。

しかし、日本のそのような立ち居振る舞いはアメリカからは強い批判を招き、国際社会の警戒心を呼び起しました。その結果、日米間で経済摩擦が深刻化し、国際的にジャパン・バッシングが大きなうねりとなりました。

日本政府があまりの批判の強さに決定した湾岸戦争に対する支援策は、当時としてはかなり思い切った金額のものでしたが、それでも「too little, too late」、金額は少ないし、決定が遅過ぎるとされ、米国の批判は止みませんでした。

湾岸紛争が起こった１９９０年に初めて国会議員になった私は、議員としての初めての国会の委員会での質問で、先ほどの朝河貫一の著書を引用しながら「今のバブル期の日本は世界に対しておごり高ぶっていると見えたのではないか」「今が新たな『日本の禍機』ではないか」「アメリカは与論が大事な国だ、世論に気を付けなければいけない」という趣旨の発言をしたことを今でも覚えています。

二十有余年を経た今の日本は、幸にして民間企業のアメリカ国内における事業活動は慎重になり、今では企業の行動を評価してくれるようになり、状況は一変しております。

中国は今破竹の勢いで経済発展を続けています。日本を抜き、アメリカに次ぐ世界第二の経済大国として、経済力のみならず、軍事力、外交力も急速に伸びています。それとともに中国の国民の間に、自国に対する自信や誇りが強くなっていることも事実でしょう。そうなることは当然であり、大変結構なことです。

しかしながら、そのような中国の急速な発展を国際社会がどう考えているか。数多くの賞賛がありますが、それと同時に懸念や警戒心をも持ちはじめていることも事実です。

中国は自国の躍進を「平和的発展」であり、他国に脅威を与える存在にはならない、ということを繰り返し述べています。私はその言葉を信じています。しかしながら、ある国が「脅威かどうか」というのはその国自身が判断するのではなく、まわりの国がどう感じ、認識するかによって決まるのです。

いかにそのつもりや意図がなくても、国際社会が警戒感や危機感を膨らませていけば、結果としてその国は世界にとっての脅威であり、心配の種であるということになってしまうのです。

日本には「失敗は成功の母。成功は失敗の元」とか、「禍福はあざなえる縄のごとし」、といった諺があります。個々の人間であれ会社であれ、組織であれ国家であれ、発展を遂げて成功の絶頂を謳歌している時にこそ、実は遠い将来の失敗に向かっての密かな種が生まれているのではないか、ということを暗示する先人達の知恵の現れです。

中国が今、歴史上希に見る「成功」を納めているからこそ、私にはそれが「日本の禍機」ならぬ、「中国の禍機」になってしまわないか、と老婆心で余計な心配をするのです。このような私の心配が杞憂やとり越し苦労に終わることを望みますが、中国の人々が過去の歴史に学ぶ「賢者の知恵」で、成功の陰に隠れた将来の失敗の種をうまく取り除いていかれることであろう、と期待しています。

日本と中国はともにアジア地域の責任ある大国です。そして21世紀はアジアの時代だ言われます。ところで、私はこのアジアに三つの姿を見るのです。

第一のアジアの姿は、言うまでもなく「力強く成長するアジア」です。本年発表のＩＭＦの統計によれば，世界のＧＤＰ約73兆ドルの中で、アジアのＧＤＰは約20兆ドルと三分の一近くを占めています。このうち中国が９兆ドル、日本が５兆ドル、韓国が１兆ドルで、日中韓を併せると米国のＧＤＰ約16億ドルと肩を並べることとなります。これ以上数字を並べ連ねるまでもなく、アジアが世界屈指の経済成長センターであり、世界経済の牽引車となっているということについては、おそらく誰も異論がないことでしょう。

これに対し私が取り上げたい第二のアジアの姿は「老いていくアジア」です。日本や韓国は世界で最も高齢化が進んでいる国で、本年の統計によれば、日本の65歳以上の老年人口が初めて総人口の25パーセントを超えました。日本ではすでに四人に一人がお年寄りなのです。韓国は日本と同様に急速に高齢化が進んでいると言われています。

しかし私がここで強調したいのは、社会の高齢化が進んでいるのが日韓二カ国だけではなく、中長期的に見ると、実はアジア全体で人口の高齢化が今後急速に進んでいく、ということです。

若者から働き盛りの中年にかけてのいわゆる生産年齢人口が増え、国の経済が力強く発展していく時期を「人口ボーナス期」と呼び、これに対し社会の高齢化が進み生産年齢人口が相対的に減っていく時期を「人口オーナス期」と呼びます。

現在アジア地域が力強い経済成長を遂げつつある一つの理由は、アジア諸国の多くが財やサービスを生み出し、社会を豊かにしていく生産年齢人口が増えていく「ボーナス期」にあるからだと言われています。

日本経済研究センターの分析によれば、日本の人口ボーナス期は1995年頃に終わり、すでにオーナス期に入っています。中国も2015年頃、すなわち来年にはボーナス期が終わり、2020年頃からオーナス期に入ります。東南アジア諸国でも2030年頃から2040年代末までにはボーナス期が終わるとされています。アジアの力強い経済成長は、人口面から見たときには、そろそろ「終わりの始まり」に近づきつつあるとも言えるのです。

第三のアジアの姿は、私がこのスピーチの冒頭でもお話した「いがみ合うアジア」です。冷戦が終了してすでに30年以上がたちましたが、日中、日韓関係、そして南シナ海を巡る緊張、北朝鮮問題など、アジアにはまだ冷戦的緊張が残っています。その上、確固たる地域的な安全保障機構も存在していません。

このような三つのアジアの姿を見据えれば、私が日本と中国の友人の皆さんに申し上げたい進言はただ一つです。すなわち、「アジアが老いていく前に、現在のアジアの経済成長と繁栄、安定を持続的なものとしていくべく、日中両国は緊密に協力していく必要がある。もはやいがみ合っている場合ではない」ということです。

世の中には、いずれ世界経済の半分をアジアが占める時代が来るといった予測もあります。私もそうなれば良いと思いますが、そんな勢いがあるアジアがいずれ老いていくのであれば、その前に日中という二大経済国が協力して、アジア全体として取り組んでいくべきことがあるのではないでしょうか。

我々に残された時間はそんなに長くはありません。現在の成長が続いているフェーズの中で、早急に手をつけていかなければならない大きな課題がいくつもあるのでないでしょうか。

例えば、（１）経済成長率一辺倒の「量」の経済政策だけではなく、経済の「質」を高める政策・戦略の立案であります。（２）経済成長に伴い深刻化しつつある環境問題、エネルギー問題への取り組みであります。（３）否応がなしに進む高齢化社会に対応するための社会保障体制の充実であるような気がします。

こういった具体的課題はアジア各国に共通する問題が各国がバラバラに対応するだけではなくて、アジアのリーダー達が共通の認識を持って、政治的意思をともに持ち、協力して対処していくことが重要です。

以上申し上げたとおり、日中をはじめとするアジアのリーダー達は協力して共通の課題に対処していくことが重要です。そのために何よりも必要なことは、我々が一刻もはやく「いがみ合うアジア」から脱出することです。そのためにどうしたらよいのか。

私は冒頭に、日中両国のリーダーシップの重要性について述べました。これに加えてもう一点だけ述べさせていただければ、それは「外交に勝ち負けはあってはならない」ということをお互いが知ることです。

外交交渉において、一方の国が自分が完全に「勝った」と思い、相手の国が「負けた」と思えば、負けた方は、いずれ負けた分をとり戻そうという動きがでてきます。特に、各国の世論が外交に大きな影響を与える21世紀の国際社会においてはなおさらです。

外交において最上の結果は、双方ともに自分が勝ったと思うことでしょう。でも、そのようなことは滅多にありません。

次善の策は双方が少しずつ譲り合うことです。そうなれば、どちらも勝ったとは思わないでしょう。次善の策と申しましたが、これが最善の策かもしれません。

最後に申し上げます。本日ここにお集まりいただきました皆様はより良い日中関係を築くために直接間接に関与されたり、ご尽力されたり、あるいはご関心、御懸念をお持ちの方々だと思います。

私は今の日中両国民が、心の底では友好と協力を求めながらも不幸にしてお互い相手の影におびえ、恐れ、相互に疑心暗鬼に陥っており、ある種の「ジレンマ状態」に陥っているのではないかと見ています。

こんな状態を、ある政治思想家は次のように的確に表現しています。

「恐怖から逃れようと懸命になって努力している当の人物が、今度は相手にとって脅威の的となっているのだ」と。

実はこの箴言を述べたのはニコロ・マキャベリ、政治・外交論の古典とも言える「君主論」を書いた16世紀の政治思想家、外交官です。

まさに歴史は繰り返すのです。改めて我々は歴史や先人の知恵から学び、賢人として現在の困難を乗り越えていきたいと思います。

（2014.9.28 第十回北京－東京フォーラムにて）

3-7　東アジアにおける異なる三つの姿と共同責務

中国の揚州で日中韓の参加者が、アジアの将来について率直な意見交換を行えることを、感無量に思います。

私は昨日、日本チームの皆さんと大明寺にお参りにいって参りました。大明寺は、紀元八世紀に中国から日本に渡り、日本に仏教を根付かせた鑑真和上が住職を務めておられたところです。揚州は鑑真が生まれた土地でもあり、日本人にとって特別な意味を持つ場所なのです。

鑑真の時代は、中国大陸から島国日本への船旅は命をかけた危険なものでした。鑑真は日本に仏教を伝えるために5回に渡り渡航を試み失敗し、6度目に漸く成功しました。そのためにかかった期間はなんと十年。鑑真は厳しい気候と過労のために失明してしまいます。盲目となりながらも訪日を果たした鑑真は、当時の日本の天皇の信認も受けて、日本に十年滞在し、仏教の戒律の普及に大きな役割を果たしました。鑑真和上が日本で建立した唐招提寺は名刹として世界文化遺産の中心的な文化財となっています。またこの鑑真和上の物語は、日本国民の間に親しみを以て広く知られており、学校の歴史の授業でも必ず習う話となっています。

さて、その鑑真和上の時代から１３００年以上が経ちました。19世紀をヨーロッパの時代、20世紀をアメリカの時代であるとすると、21世紀はアジアの時代だと言う人が多くいます。若干アジアを褒めすぎだとは思いますが、確かに、日中韓の三カ国を中心に、経済的にも、政治的にも、そして社会的、文化的にも、アジアは国際社会の中で極めて重要な役割を果たすようになっています。

それでは21世紀のアジアはバラ色の未来なのでしょうか。その中で日中韓三カ国が果たす役割は何なのでしょうか。私は本日の皆様の議論のご参考までに、我々が生きるこのアジアの、異なる三つの姿を述べさせていただきたいと思います。

第一のアジアの姿は、言うまでもなく「力強く経済成長を続けるアジア」です。アジアが世界屈指の経済成長センターであり、世界経済の牽引車となっている、ということについては、おそらく異論がないことでしょう。

しかしこれに対して私が取り上げたい第二のアジアの姿は、「老いていくアジア」です。日本と韓国は世界でもっとも急激に高齢化が進んでいる国です。

日本ではあと20年経つと、地方では40パーセント以上、東京でも30パーセント以上の人口が65歳以上の高齢者になるとの統計があります。

韓国においては、日本よりさらに急速に高齢化が進んでいるとのことです。皮肉な表現を使えば、日本と韓国はアジアにおける「高齢社会先進国」なのです。

若者から中年にかけてのいわゆる生産年齢人口が増え、国の経済が力強く発展していく時期を「人口ボーナス期」と呼びます。現在アジア地域が力強い経済成長を遂げつつある背景には色々な要因がありますが、その最も重要なファクターが、アジア諸国の多くが、財やサービスを生み出し、社会を豊かにしていく生産年齢人口が増えていく「ボーナス期」にあるからだと言われています。

日本経済研究センターや国連の分析によれば、日本の人口ボーナス期は1995年頃に終わり、すでにオーナス期に入っています。韓国のボーナス期は2010年頃に終わり、2015年頃からオーナス期に入ります。そして、中国も2015年頃にはボーナス期が終わり、2020年頃からオーナス期に入ります。現在若年人口増加が著しい東南アジア諸国でも、2030年から2050年頃までにはボーナス期が終わるとされています。アジアの力強い経済成長は、人口面から見たときには必ずしも永遠に続くとは限らないのです。

私が今お示しした、この二つのアジアの姿、すなわち「力強く経済成長を続けるアジア」と「老いていくアジア」から明らかになることは、以下の三つです。第一に「我々は今、力強く発展している。しかしその発展は永続的、自動的には続かない」、第二に「我々に残された発展のチャンスはあと数十年だ」、そして第三は「21世紀前半はアジアの時代だが、21世紀後半にもアジアの時代が続くとは限らない」ということです。

そこで我々が取り組まなければならないのは、アジア地域において主導的な役割を果たす日中韓の三カ国が協力して、今世紀の前半のみならず、後半にも、そしてその先にも長期的・持続的に、アジアの国々が発展し、繁栄していく仕組みや政策を、今から考えて、手を打っていく、ということだと思います。

その具体的方策については、私が思いつくままにあげれば、例えば以下のとおりです。

(1)自由貿易協定や経済連携協定を締結することにより「日中韓各国間におけるモノ、カネ、サービス、そして人の行き来をよりできる限り自由にしていくこと、

(2)経済成長の重要な鍵である科学技術分野において、共にしのぎを削る日中韓三カ国が協力してウィン・ウィン関係を目指すこと、

(3)日中韓各国の経済構造を、米国頼りの外需中心から内需中心にシフトしていくこと、

(4)物作りといったハード面で今後新興国の追い上げを受けていく中で、サービスといったソフト面でも日中韓各国がもっとお金を稼げるようにすること、

(5)各国における年金・医療といった社会保障制度を充実して、経済成長と国民生活をともにサステイナブルなものにすること、

(6)経済成長に伴う負の課題、特に環境問題やエネルギー問題等について、三カ国が協力を進めていくこと、

等々です。

しかし、日中韓がこのような協力を進めていくためには、実は大きな障害があり、我々が挑戦しなければならない重要な問題があります。それが三つ目のアジアの姿のこと、すなわち「いがみ合う、不安定なアジア」です。

米国の著名な地政学リスク分析機関であるユーラシア・グループはじめ、世界の多くのシンクタンク、学者、分析家等が、アジア、特に北東アジア地域の不安定さを国際社会のリスク要因としてあげています。実際のところ、現在の日中韓の関係、特に一日本人の立場から言えば最近の日中関係、日韓関係は深刻な状態にあり、私はそのことを真剣に心配しています。本日ご出席の多くの皆様が同じような認識をお持ちのことではないかと思います。

現在の北東アジアが、世界の経済成長センターの中心でありながらも、このような不安定さを増している理由には何があるのでしょうか。北朝鮮ファクターはもちろんあります。しかし私はそれより大きな、構造的な背景として三点あげたいと思います。

第一は、中国が大国として経済的、外交的、軍事的に急速に影響力を増す一方、従来からの地域大国である日本の経済が低迷し、かかる中で韓国が新たに先進国入りして自信を強めていくなど、地域内の地政学的なパワーバランスが大きく変化しつつあることです。

第二は、そんな中で、１９８０年代まで続いた冷戦の終了以来、北東アジアにおいては地域の平和と安定を維持していくための各国間の協力や対話のしっかりした仕組みが、まだ作られていないことです。

そして第三は、これは日本の元首相として話題を避けることなく率直に申し上げなければなりませんが、日中の間、日韓の間に、第二次世界大戦前、大戦中の歴史を巡るいわゆる「過去の問題」があり、両国民の間で、この問題についてお互いの気持ちを率直に開き合う形での、きちっとした心の精算ができていない、ということです。

私が一日本国民として申し上げたいことは、我々はこの問題について、過去の歴史を謙虚に見つめ、日本として、日中、日韓両国国民の真の友好関係のために何ができるか、何をすべきか、ということを改めて考えるべきではないか、ということです。

このような観点から少なくとも、日本政府が国として明らかにしてきた、過去の問題に関する基本的なステートメントや考え方を軽々に見直したり、変更することは、慎むべきだと考えます。「過去から学び、今日のために生き、未来に対して希望を持つ」というアインシュタインの格言がありますが、我々が今日を生き、明日に希望を持ったためには、過去から正しく学ぶことを忘れてはいけないと思います。

以上、アジアの三つの姿について申し上げました。

私の大きな問題意識、そして懸念は、「力強い経済成長を続けるアジア」が「老いていくアジア」に浸食されていく前に、アジアで主導的役割を果たしている日中韓三カ国が、長期的なアジアの発展と繁栄のために協力していかなければならない。それなのに、「いがみ合う不安定なアジア」があるが故に、日中韓の三カ国で協力していくどころか、現在は十分な対話すらできていない、ということです。


最も大事なことは、三カ国の首脳が頻繁に会い、率直に意見交換を行い、長い時間をかけて誤解を解き、相互信頼関係を築いていくことです。それ以外、道はないと思います。確かに現在のとげとげしい日中、日韓関係の下で、各国の首脳が相手の首脳と会うこと自身、国内政治的にリスクが多いでしょう。しかし現在の状況は、もはや役人や民間人が間に入ってなんとかなるような次元の問題ではありません。

喩えが卑近にして、楽観し過ぎかもしれませんが、どんなにケンカをしている夫婦でも、同じ屋根の下で毎日暮らして話をしていれば、いつか仲直りするものではないでしょうか。

冒頭ご紹介した揚州の大明寺の鑑真記念堂に、一つの石灯籠があります。この石灯籠の火は、１９８０年に唐招提寺の森本孝順長老が自ら送り届け、長老自ら火をつけたものです。この石灯籠は日本の唐招提寺にあるもう一つの石灯籠と一組になっています。この両国にある一組の灯籠は今なお消えることなく燃え続け、はるか遠くから互いに照り映え、日中両国人民の子々孫々にわたる友好の明るい将来を象徴しています。

このお話は、２００７年に日本を訪問した中国の温家宝首相が日本の国会において行ったスピーチの中でも紹介されたものです。日本、中国、韓国の三カ国は、千年以上に渡る長い期間にわたり、仏教をはじめとする文物、人、文化等のつながりで結ばれてきました。このような長い流れの中で見れば、楽観的すぎるかもしれませんが、現在の日中韓の間の緊張や問題など、鑑真和上がかつて渡った大海のさざ波程度に過ぎないのかもしれません。

そう願いつつ、この会議での活発な議論を期待しております。

（2014.4.22 第九回日中韓賢人会）

3-8 三国協力の前進を

本日、日中韓三国協力事務局の主催により、三国協力を促進させるための国際フォーラムが初めて日本で開催される運びとなったことにつきまして、心よりのお慶びを申し上げます。

また、この会議の冒頭に私の古くからの友人であるハン・スンス元韓国国務総理、李肇星元中国外交部長と共に基調講演を行うという役割を与えられたことについては、一貫して三国協力の前進を願っていた者として大変うれしく思います。

我々が住むここ、北東アジアは、世界でもっともダイナミックに経済・社会が発展している地域です。特に日中韓の三カ国には各々、（1）教育レベルが高く、創意豊かで勤勉な国民が多数おり、（2）長い歴史と伝統に育まれた安定した社会があり、さらに、（3）国家の繁栄に向けて確固とした信念と方針を持った政府があります。もちろん、各々の国の政治経済、社会体制は異なり、また、各国とも様々な挑戦に直面しています。しかし、急速な経済発展がめざましい中国、先進国入りしてさらなる成長を続ける韓国、そして成熟したとは云え、多くの経済課題を抱えた日本と、それぞれお国柄を活かしながら成功を続けています。世界の中で全体的に見て、この三カ国が大きな繁栄と安定を享受していることに御異論はないと思います。また日中韓の三カ国は、歴史的にも地理的にも伝統、宗教、民族、文化、文明といった点で多くを共有しています。わかりやすい例を挙げれば、我々は漢字を共有しています。もちろん韓国では現在ハングルが使われています。人間は言葉を使うことによって自我と思惟をもつ万物の霊長となったわけですから、言語というのは人類学的にみても、また、歴史的にみても、その国、民族の思考や文化に極めて大きな影響力を持ちます。

過去二千年近い長い歴史的スパンで観れば、日中韓の各国は、お互い、時として困難なときもありましたが、全体としては、お互いポジティブに影響し合い、交流により相互を高めあう共存関係を維持してきたと思います。

しかし率直に申し上げて、近年になり三カ国関係が、順調な状況では必ずしもなくなっていることも事実です。三カ国の国民の間の人的交流は益々盛んであり、例えば、日本の観光地や東京のデパートは中国や韓国からの観光客で溢れています。また、言うまでも無く、貿易、投資などビジネスレベルでの経済交流も活発です。他方、政府の間の関係は、歴史認識の問題や領土を巡る問題などをはじめとして、種々の懸案でぎくしゃくしています。

日本語で「政冷経熱」とよく言いますが、せっかく国民の間の交流や企業の間のビジネスが盛り上がり、お互いが「ウィン・ウィン」の関係を発展させようとしているのに、国家レベル、すなわち政府間の政治や外交上の様々な懸案や摩擦が、それに水を差している状態です。

私はこれには二つの大きな背景があると思います。

第一の背景は、やはり北東アジアにおける国家間のパワーバランスの変化です。

中国の国力拡大は最も大きな要因の一つですが、それだけではなく、国際社会における米国の影響力の相対的低下、日本や韓国の社会が少子高齢化を迎え、経済的にも高度成長時代から安定成長時代に入ったこと、なども背景としてあげられると思います。

人間関係でも同じですが、各々が成長してその力が変化していけば、各自の振る舞い方も、そしてお互いの関係も自ずと変わっていきます。そしてそのような変化は、時としてお互いを不安にさせ、国家間の関係を不安定にさせます。なぜなら人間は本能的に既存の秩序と安定を好む生き物だからです。

第二の背景は、外交課題の内政問題化です。

すなわち、日中韓の三カ国の間では、お互いの外交案件が容易に内政問題化し、国内の政治、世論に大きな影響を与える傾向が強くなっています。特に、いわゆる歴史認識問題や、領土や海洋権益を巡る問題などでは、各国の国内世論や国内政治が過敏に反応し、「外交問題」

がある意味で「内政問題」となってしまいます。各国政府とも国内的な説明、説得が難しくなり、相手国政府に対して強い、あるいは固い態度に出ざるを得なくなります。そのことに今度は相手国の世論が強く反応して、相手国の政府も立場が硬化するという悪循環が見られるようになっています。

「ハリネズミ同士は、お互いが体を寄せ合うと相手を傷つけてしまう」、という寓話がありますが、日中韓は地理的にも歴史的にも様々な意味で近接しており、体を寄せ合って生きていく運命にあります。現在は、お互い相手の体を傷つけあうような状況になっている、と言うこともできるのではないでしょうか。

外交における箴言に「国家のリーダーは世論にあおられてはいけない。同時にリーダーは世論をあおってはいけない」という言葉があります。この言葉を良くかみしめていただきたいと思います。

世界的に見て、国内世論、あるいは国際世論が各国政府の外交政策形成に大きな影響を与えるようになっていることは事実です。各国のリーダーがこの箴言を守ることは過去に比べて難しくなっているかもしれません。しかしながら、先ほど申し上げたような相互不信の「悪循環」を裁ち切り、日中韓が未来志向で協力し、ともに栄え安定していくためには、今ほど日中韓三カ国の首脳の外交におけるリーダーシップが求められている時はないのではないか、と考えます。日中韓三国協力の歴史を振り返ると、ある意味でその発端とも言えるのが1999年にマニラで開催された三国首脳の朝食会ではなかったかと思います。この時には、三国間の協力を進めないといけないという当時の日本の小渕総理の強い思い入れがあったと聞いています。

２００８年に初の三国首脳だけの正式の会合が開催された際には、まさに私自身がそのような強い思いを持って臨みましたが、これは中国、韓国の首脳の考え方とも完全に一致していました。そして、三国協力事務局を設置する考えも、首脳間の議論の中で、当時の李明博・大統領自身から出てきたアイディアであったと記憶しています。事務方には異論もあったことと思いますが、三人の首脳の意見の一致で実現の運びとなりました。

ご承知のとおり、２０１２年5月以降、三国サミットは開催されておりません。私はこのことに強い懸念を持っておりましたが、各国外交当局の粘り強い努力により、昨年11月には北京で開かれたＡＰＥＣサミットの際に安倍首相と習近平首席の間で初めての首脳会談が行われました。さらに、つい二週間前には3年近く開かれていなかった三国外相会合が開催されました。日中韓首脳会合開催の目処は残念ながらまだついていませんが、三カ国の関係を池の水に例えれば、中心部はまだ凍っており溶けていないものの、岸に近いまわりの氷は少しずつ溶け出したのではないかと感じています。私は自らの総理大臣としての経験も踏まえれば、三カ国の首脳に強い政治的意思と高い見識があれば必ず道は開けていくと確信しています。

今申し上げたような日中韓の各首脳の高い見識と強いリーダーシップを期待しながら、我々は三国の協力関係の進展や強化のために、具体的になにを行うべきでしょうか。四点申し上げます。

第一は、日中韓の対話や協力のための「制度的枠組み作り」を、たゆみなく続けていくことが必要だということです。先ほど北東アジアのパワーバランスの変化について申し上げましたが、人々は国際関係をすぐに「パワー」の観点からのみ捉えようとしがちです。どちらが強くなった、弱くなった、というのは子供でもわかりやすい議論だからです。

しかしながら、欧州におけるEUや東南アジアにおけるASEANに代表されるように、各国間の「制度」づくりは、パワーの違いや変化を「止揚」、つまりアウフヘーベンして、各国間の結びつきや信頼関係を強化していく効果があります。

現在の三国の協力については、例えば環境分野のように1999年以来の長い歴史を持つものもありますが、他の多くの分野ではまだ始まったばかりであり、情報交換といったレベルに止まっているのが多いのが実情。三国の間で大きく異なる仕組みや制度を共通化していくという野心的目標に向けての歩みを怠るべきではありません。金融市場の危機回避のメカニズムの創設、貿易・投資の促進を図るためのＦＴＡの交渉は、三国協力の車の両輪として進めていくべきです。

第二に、三国間の人的交流促進のための協力プログラムをさらに推進していくべきです。先ほど申し上げたとおり、観光やビジネスの分野では、三国間の人の往来は非常に活発です。但し、円安の影響などで日本から韓国や中国を訪れる人の数が減っていることは懸念すべき材料です。やはり、人と人は直接に会ってこそ相互理解が進むのであり、人の交流は双方向で拡大していく必要があります。

観光やビジネスでの人的交流に加え、各国における世論形成に大きな影響を与えるジャーナリストや有識者、あるいは三カ国の未来を担う学生や若者などの、双方向の交流を促進していくことが特に重要です。このためには、単に市場原理的の自然な人の流れに任せるのではなく、各国政府が積極的にイニシアティブをとって交流を増やしていく努力が必要です。三国協力事務局がかかる人的交流の促進のために、補完的な役割を果たすことが期待されます。

第三に、三カ国の協力は、経済面や人的交流に止まらず、信頼醸成や安全保障の分野についても拡大していく必要があります。「貿易が作る友情が、戦争のできない関係を作る」という箴言がありますが、EUもASEANも、経済面の協力から各国間の協力や市場統合をはじめ、最近は政治や安全保障の分野まで協力関係を深化させつつあります。

東アジア全体を見渡すと、ARFをはじめとしていくつかの安全保障対話のための枠組みが作られ、信頼醸成の役にも立っていますが、日中韓の間では三カ国外相会合や外務省同士の各種政策対話以外、三カ国の間での政治・安全保障対話の枠組みというものが存在していません。

各国の政策を見ると、日本はEASをこの地域の主たる安保対話の枠組みとして活用しようという考えですし、韓国は北東アジア平和協力構想を推進しています。中国は上海協力機構やアジア信頼醸成措置会議（CICA）を推進している、といった状態で、政策の方向性も異なっています。

三国間の信頼関係が不十分な中で、安全保障分野に立ち入って議論することは容易なことではないと思われるかもしれませんが、冷戦で東西に分かれていた国々がヘルシンキ最終議定書に合意することができた前例にも見れば、東アジアでもそのようなことができない理由はありません。政府間、それが無理であれば、まずトラック1.5やトラック2.0でも、そういった枠組み作りのための話し合いを初めてみることが必要ではないかと思います。

第四、そして最後に、日中韓三国協力を進める上で、三カ国以外の他の国、地域特にASEAN諸国と日中韓の協力を進めることが重要だと考えます。三国協力は、それ自体一つの大きな目標ですが、同時にそれを、より大きな東アジア共同体に向けての一里塚であると捉え、日中韓三カ国がリーダーシップをとっていく位の気概を持つことが必要です。実際ASEAN+日中韓の枠組みにおいては、三国協力と同様、というより、ある意味でそれ以上の広い分野にわたる実務的協力が進んでいます。

金融分野におけるチェンマイ合意や、非常時のためのコメの備蓄制度などはその具体例です。もっとも、現実を見ると、三国はASEAN+3のコンテクストで協力というよりは競争をしている、ような感じが無きにしも非ず、です。しかし、連携を図る努力もしなければ長い目で見て三カ国とASEANの協力はうまく進まないでしょう。

最後に、本日の会議の主催者でもある三国協力事務局について申し上げたいと思います。

この事務局の設置は首脳レベルからのトップダウンで決まりました。発足後3年半が過ぎて、事務局の役割は徐々に拡大しつつあり、その重要性は三国の間で広く認識されるようになりつつあります。各国の政権が変わっても事務局が継続して活動を続けていることは、三国協力の必要性を証明しているとも言えましょう。

日中韓の協力をさらに進めていく上で、一つのさしさわりとなるのが、言語の壁です。今日の会議も４カ国語の同時通訳で行われますが、通訳を介するコミュニケーションはどうしても限界があります。お互いに隣国の言葉を学ぶことにより、しゃべるほうは難しいとしても、せめて相手の話していることが分かる、という状況になれば相互理解は格段に進むことと思います。今の若い人たちには是非これを期待したいと思います。

なお、私が共同議長を務める日中韓賢人会議では、学者の皆さんにお願いして日中韓で共通に使われている漢字を８０８文字選び出し、これを三国間の意思疎通の道具としても役立てて行こう、ということに合意しました。マスコミや三国協力事務局の力で、この８０８文字の普及に向けての取り組みが進むことを期待します。

日中韓の関係にはこれから晴れの日もあれば、雨の日も風の日もあるでしょうが、この事務局が継続して安定的に機能していること、そして将来も機能していくことが何よりも求められると思います。

（2015.4.3 日中韩三国協力フォーラム）

3-9　東アジア共同体は何を目ざすのか

(1) これまでの「東アジア共同体」はどのように語られてきたのか

東アジア共同体ということばがいちばん夢をもって語られたのは、わたしが首相を務めた2007－2008年頃のことではないか。

そのころまでの東アジアを枠組みとする地域協力の動きを思いつくままに挙げてみると、

・1998年のASEAN＋日中韓首脳会議で、韓国の金大中大統領が「東アジア共同体」の設置につながる構想を提案、東アジアにおける地域連携の将来を構想しようという考えが広まりはじめました。

・アジア通貨危機を受けて、2000年、域内資金協力のしくみとしてチェンマイ・イニシアティブが合意されました。

・2005年、ASEANに日本、中国、韓国、インド、オーストラリア、ニュージーランドを加えた東アジア・サミットがはじまりました。

・２００７年の東アジア・サミット——このサミットにはわたしも参加した——ここで、ERIA（東アジア・アセアン経済研究センター）の設立が合意されました。これはアジア・太平洋地域が世界の成長センターとなる中、いずれこの地域にもOECDのような役割を果たす機関が要るだろうということでわたしが提案したものでした。

このように、わたしが首相を務めていた頃までには、ASEANを中心として、ASEANと日本、ASEANと中国といったASEAN＋１の自由貿易協定・経済連携協定、ASEAN＋日中韓首脳会議、ASEAN＋６の東アジア・サミットなどができ、東アジア共同体を将来の目標として、重層的な地域協力のしくみができつつあります。

そのあと、東アジア共同体をつくろうという動きはいろいろな事情から少し鈍くなった。しかし、それでも、チェンマイ・イニシアティブにはじまった地域的な資金協力は進展しているし、ASEAN＋６のRCEPの交渉も進んでいます。

(2) 東アジア共同体をどう考えればよいか

実は、わたしは２００７年、国際交流会議「アジアの未来」で「太平洋が『内海』となる日へ——『共に歩む』未来のアジアに５つの約束——」というスピーチをしたことがあります。

その趣旨は大きく二つあった。

その一つは、日中韓がグローバルな視野を共有しつつ協力していくことの重要性。つまり、日中韓は、アジア、さらには世界に対し、責任を共有している。そういう認識の下、未来に向けて協力していかなければいけないということ。

もう一つは、「アジアの未来」を長期的に考える上で、太平洋というプリズムを通して見る必要があるということです。

これは少し説明が要ります。

今から40年近く前の1977年、日本は対アジアの外交原則を打ち出しました。それはのちに「福田ドクトリン」と呼ばれるようになりましたが、その骨子は、日本は、（1）軍事大国にならない、（2）心と心のふれ合う関係をつくる、（3）対等なパートナーとなる、というものです。それは、良いことを分かち合い、問題には共同で当たる、そういう同僚同士の関係をあるべき間柄として打ち出したのです。

わたしは、アジアの国々と日本の関係においては、それ以外の関係はあり得ない。その意味で、このドクトリンは、いまでもなお生き続けていると考えています。

40年前のその頃、一人当たり国民所得はアジアの大方で300-700ドル、そこからアジアは急成長を遂げ、いまでは多くの国が中所得国となり、先進国の仲間入りをした国もあります。

では、これから30-40年後、２０５０年頃にはどんな世界になっているのかそう自問して、わたしには、太平洋を「内海」とする国々がネットワークをかたちつくりながら発展していく、そういうアジアの姿が思い描けます、ということを言いました。

この内海は、日本、中国、韓国、ＡＳＥＡＮ、オーストラリアからニュージーランドといった国々、そしてそこからさらにインドを経て中東に連なる国々の内海であり、南北アメリカの国々の内海でもあります。

2018年ボアオアジアフォーラムにて

2018年 ボアオアジア フォーラム　曽培炎（元副総理）と

2018年ボアオアジアフォーラムにて

2014年人民大会堂にて　習近平と

2014年 ボアオアジアフォーラム　李克強と会談

2016年 ボアオアジアフォーラム　李克強と

太平洋を内海と見て、太平洋を本当の「内海」にしていく、そういう度量をもって、わたしたちは「アジアの未来」を見たいものです、そう申し上げました。

この考えはいまでもまったく同じです。

アジア・太平洋の国々は世界に国を開き、発展してきました。

わたしたちは、みんな、ご近所の国々がますます豊かになり、ヒト、モノ、おカネ、知識が太平洋を内海とする勢いで縦横に行き来する、そういう時代と場所に生きています。

わたしたちはこれからも経済連携を進め、生産と流通のネットワークをもっと勢いのあるものにしていく、そのための方策をアジアの国々、米国などと一緒になって考えるべきだと思います。

(3) 21世紀はアジアの世紀

アジアの成長は世界経済を牽引しています。この成長を支えるのは、太平洋を内海とする勢いをもって拡大し発展するネットワークです。

そういうネットワークは自然に生まれるわけではありません。

太平洋は内海になる、太平洋を内海にする、そういう広い視野の上に、アジアの国々がこのネットワークの構築に参加していきます。そのためには体力をつけ、必要な環境を整えて行かなくてはなりません。

アジア太平洋自由貿易圏（ＦＴＡＡＰ）を構築して、ヒト、モノ、カネ、知識の流れをもっともっと拡大し、アジアを成長させなければなりません。

そのためには東アジア経済連携を推進し、インフラ整備、格差是正、環境問題など、経済成長の途上でアジアの国々が直面するさまざまの課題に取り組むとともに、感染症、災害、テロ、人身売買、海賊等など、人間の安全保障における協力、さらには教育、科学技術、文化、スポーツなどの分野の交流をもっと進めて行かなかればなりません。

そこで大切なことは、アジア・太平洋諸国の人々が信頼関係を築いていくこと、「共に歩む」ことです。

(4) こういう信頼関係をつくる上で重要なことを指摘しておきたい

・第一に、ＡＳＥＡＮの努力を支持すること

ＡＳＥＡＮは、太平洋というネットワークの鍵を握る地域に位置しています。また東アジアと太平洋における地域協力の要として中心的役割を果たしています。ＡＳＥＡＮの安定と

繁栄はわれわれすべての利益。日、中、韓をはじめとするＡＳＥＡＮ＋10のパートナー諸国はＡＳＥＡＮの統合努力をさらに支援していかなければなりません。

ＡＳＥＡＮ共同体は２０１５年末に実現されることになっていますが、ＡＳＥＡＮのさらなる発展には域内格差の解消、広域のインフラ整備などの課題があります。ＡＳＥＡＮの国々の多くがこれから先進国となっていくには人材育成、インフラ整備、社会的セーフティネットの整備などを進めていかなければなりません。

また、東アジアの国々はどのような協力を推進すべきかについては、ＥＲＩＡをシンクタンクとして大いに活用するでしょう。

・第二に、世界第２位の経済となった中国の果たす役割

中国は今や高速成長から中高速成長に向けて経済構造の転換を図りつつあります。中国の経済が東アジア全体の経済発展を牽引していくと共に、外に一層開かれた経済体制を構築していくことが、東アジア共同体に向けた地域の取り組みの中で一層重要となります。

・第三に、防災協力外交を提唱したい

アジアでは、２００４年のアチェ津波、２０１１年の東日本大震災、その他、津波、台風、大地震など、大規模な自然災害が立て続けに起きています。

災害への対応力を強くするため、東アジア、さらにはアジア・太平洋の国々と防災協力を進めることはきわめて重要です。

・第四に、若者の交流に力を入れていく

また、あらゆる協力に必要な前提として、アジア・太平洋の知的・世代的交流のインフラを育成し、強くしていくこと。

かつてわたしは「留学生30万人計画」を構想し、実施したキャンパス・アジアのプロジェクトも進んでいます。

こういう交流をもっと推進し、信頼関係を培っていかなければなりません。

・第五に、米国はアジア・太平洋地域の最も重要なメンバーの一つ

アジアには不安定・不確実な要素がまだ残っています。

アジアを未来の見通しやすい場所にしていく。リスクの少ない、安心のできる場所、交易や交流を心おきなく進めることのできる場所にしていく。そのためには、米国をアジア・太平洋地域のパートナーとして、米国と密接に協力していくことが重要だと思います。

・第六に、アジア地域はすでに世界最大の成長センターになっている。しかし、同時に世界最大の温室効果ガス排出センターにもなりつつあります。われわれは地球温暖化・気候変動

に対しても、一緒に協力をしていかなければなりません。

・第七に、ＡＳＥＡＮを中心として、日中韓米を含む東アジア諸国の間の信頼醸成を進め、政治外交、安全保障面での協力強化を進めていくこと。すでに地域的な枠組みにおいて、信頼醸成のための仕組み作りが始まっていますが、東アジアには依然、種々の緊張や懸案が残っており、道のりは長い。

「貿易を通じた友情が戦争のできない関係を作る」という諺もあるぐらい、貿易や投資をはじめとする経済面での協力の延長線上として、政治面での協力強化に繋がるような努力を一層行うべきです。

40年前に今日の世界を見通すことが誰にもできなかったのと同様に、40年後の世界がどんな世界となっているかを予想することは困難です。

物事には常に明るい面と暗い面があり、これからも、アジア・太平洋地域の秩序を、ときとして不安定にする荒波はあるでしょう。

そういう荒波を乗り切って、平和で豊かな世界、みんながその平和と豊かさを享受できる世界をつくるには、信頼が重要です。

同僚として、仲間として、信頼し、一緒に協力しよう、そういう関係をつくっていかなければなりません。

そのために学びあい、触発しあう、それが今日のアジア・太平洋に求められています。

東アジア共同体の意義はそこにある！

東アジアは多様な世界であり、様々な意見を集約していくことは決して容易ではありません。そうした中で、中国が始めたボアオアジアフォーラムは、この地域の各界を代表する知見と英知が集まる場であり、東アジア共同体に向けた道筋をつける我々の作業において、大きな貢献をすることは間違いありません。


（2015.3.28　ボアオアジアフォーラム２０１５年年会）

3-10　アジアの未来に光をもたらす中国の発展

先日、中国社会科学院が主催し、中国社会科学院日本研究所が運営する国際シンポジウム「国際情勢変動下の中日関係：実務協力と未来展望」に北京で出席しました。この後、まもなく開幕するアジア文明対話大会にも参加します。

中国の主催によるアジア文明対話大会は、アジア各国の異なる文明に交流と相互参考のプラットフォームを提供し、アジア諸国間の相互理解、相互尊重、相互信頼、相互参考、互恵・ウインウインを促進するための有益な試みであると思います。

この前打ち出された「一帯一路」イニシアチブは、単純な中国の利益との関係を超えた大きな構造の考えであり、人類運命共同体構築の体現と実践で、非常に先見性に富んだイニシアチブでもあります。日本側は、中国側が提唱した人類運命共同体の理念に完全に賛成し、「一帯一路」の内容をより深く理解することで、協力できる分野で中国と踏み込んだ協力を展開しようとしています。

人類運命共同体というのは、世界の全ての人は『地球号』という名の船に乗っており、全ての人は苦難を共にし、共通の方向と目標を持っており、船を安定的に遠くまで前進させるには各者が手を携えてグローバルな難題や試練に向き合う必要があるという概念です。現在世界は人口、資源、環境などの問題を抱えており、アジアも例外ではありません。アジア各国も手を携えて、相互参考と対話を通じて、これらの問題の解決を推進する必要があります。

アジア文明対話大会のテーマは「アジア文明の交流・相互参考と運命共同体」で、出席する中国と外国の指導者、国際機関の責任者は文明の交流と相互参考について意見を交わし、アジア文明発展の大計を共に話し合う予定です。分科会のほか、アジア文化フェスティバル、アジア文明週間も行われ、これはアジア各国にとって喜ばしいことです。文明の交流と相互参考は、人類文明の進歩と世界の平和的発展のための重要な推進力であり、世界範囲での多くの問題を解決するには、対立や紛争ではなく、協議と対話が必要です。アジア文明対話大会というハイレベルな盛会を開催することで、中国はアジア各国の異なる文明に相互理解のチャンスを提供することになります。アジア全体は大家族のように、みんなが集まって互いの考えを理解し、一部の問題を交渉して解決していくのです。

コミュニケーションの形式から言うと、対面でのコミュニケーションが最も効果的です。自分の考えと見解を明確に伝え、問題解決を促すことができます。特にこのところ、世界の一部の地域で反グローバリズムや地方保護主義の傾向が見られるようになりました。こうした背景の下、このような対話大会の開催は特に大きな意義があり、アジア各国間の相互理解、相互尊重、相互信頼、相互参考、互恵・ウインウインを促進するための有益な試みです。

日中関係はアジアだけでなく、世界においても非常に重要です。両国の発展は自国の発展に関わっているだけでなく、両国の力を結集することでアジア全体に恩恵をもたらし、最終的には全世界に積極的な影響をもたらすことになります。これは、アジア全体、そして世界の日中関係への期待であり、中国と日本がアジアにおいて担うべき使命でもあります。日中友好は、両国民の長年の願望と根本的な需要であり、アジアの国と人々の切なる願いでもあります。日中関係がアジア地域の平和と安定を促進し、より良い関係を築く上でのモデルになることを期待します。

アジア文明対話大会を背景に具体的に言うと、日中間の交流と対話を強化し、互いに学び合い、共に成長していくことも重要で現実的な意義を持っています。近年、日中関係は良好な勢いを見せています。この好調な局面を引き続き維持し、日中関係が正しい軌道に戻り、徐々に改善する良い勢いを大切にし、さらに維持・推進する必要があります。たとえ仲がいい夫婦であっても、それぞれの考え方を持っています。時には相手と考え方が異なっても、お互いに理解し合うことで、仲睦まじく暮らしていけます。二人の意見が食い違うと、すぐに離婚騒ぎを起こす――というわけにはいきません。それに、数十年にわたる発展を経て、日中関係は「あなたの中に私がいて、私の中にあなたがいる」という切り離すことができない関係となっており、対話と相互理解なしにはどちらにもメリットがありません。つまり、日中関係は「和すれば共に利し、争えば共に傷つく」ということです。

中国と日本は多くの分野で踏み込んだ協力を繰り広げることができます。例えば、中国はこ

2019年5月12日　中国社会科学フォーラム会場

の前、発展途上国のインフラ建設に資金を集中させ、アジア一体化を推進するため、アジアインフラ投資銀行（ＡＩＩＢ）を主導して創設しました。これは中国が発展途上国の期待に応えた行動です。多くの国から見れば、これ以上の提案はないでしょう。アジアはすでに世界経済発展の中心とけん引車となっています。アジアで最も重要な二つの国として、中国と日本は手を携えて、アジアを繁栄へと導くべきです。日本は以前アジア開発銀行（ＡＤＢ）の設立準備をした際、世界各国の経験を参考にしました。中国が主導して設立したＡＩＩＢをよりよく発展させるために、日本からも多くの良いアドバイスを提供することができます。

日本は安定的で繁栄した中国がアジアで台頭することを歓迎し、それは日本にとってもチャンスであり、日本国内でもますます多くの有識者がそれを認識するようになってきています。日中両国は政治的相互信頼をしっかりと強化し、全面的な協力を大いに展開させ、アジア文明を伝承・発揚する必要があります。

（原文は2019.5.14『広州日報』に掲載）

3-11 世界や社会を解きほぐす光明・儒学理念

新春の足音がコロナと共に聞こえてくる中、「アジア和合　文明論壇」の開催を心からお喜びを申しあげます。

アジアでは、昔からものを大事に長く使うことを大切にしてきました。ところが第2次世界大戦が終わり、米国中心の経済発展が始まると事情が変わってきました。米国は「自由競争」の名の下で安いものをたくさん作り、購買意欲を煽る経済社会を作ってしまったのです。

私達は、好む好まざるに拘わらず、そういう経済社会の中で日々の生活を営んでおります。

温暖化問題は、その結果、発生したものと言っても過言ではありません。と同時に、温暖化問題は一国の問題ではないのは当然のことです。その意味においては、世界はまさに人類運命共同体なのです。先だって中国は、『中国共産党の歴史的使命と行動価値』という文書を出し、生態文明や人類運命共同体などの理念が、アジア共有の知恵に基づくものだと論じております。

今や、私達はその理念を具体化する知恵が求められています。

また、新型コロナの流行する中で、国際関係は複雑性、かつ流動性を増しております。そのような状況の中では、対話と交流の重要性が求められます。

中米問題は、世界を揺るがす最大の問題となりました。日中問題もそれに劣らず重要です。勿論、アフガン問題やミャンマー問題も大きな問題です。これらは一国では解決できない問題ばかりで、多国間で知恵を出し合い、平和の内にまとめて行かなくてはなりません。

さて、２００８年に、胡錦濤主席と私が発出した日中共同声明において、両国は「アジア太平洋および世界の平和、安定、発展に対し、大きな影響力を有し、厳粛な責任を負っているとの　認識で一致」したと発表しました。日中両国はこの認識を一歩進め、どのような世界を作るかについての共通認識を深める作業に入るべきです。

私は25世紀前にこの世に現れた儒学の理念は、今のような複雑に絡み合った世界や社会を解きほぐす光明を与えてくれるものと信じます。
本日のアジア和合論壇と、差し当たって北京オリンピックの成功を祈ります。

（2021.12.17 アジア「和合文明」フォーラム）

第4章　福田康夫の「運命共同体」認識──価値証明できる行動を

4-1 「人類運命共同体」という基本的理念について

今週末から始まる今年のボアオアジアフォーラムは、中国が世界と国際社会で大きな地位を占めるに至った時期に開かれる、象徴的な会議だと思います。

国際社会で活躍する人々が集まるボアオアジアフォーラムは、「開かれたアジア地域」をアピールする格好の機会です。中でも一番注目されるのはやはり中国で、中国の今後の動向に世界中の関心が集まっています。

昨年の党大会で習近平主席は、「中国は新しい時代の新しい国際関係をつくっていく」という意思表明をされたと思っています。そしてその新しい国際社会をつくるための基本的理念は、「人類運命共同体」という言葉に表されています。習主席は「一国のみでなく、周りの国と共に成長することが世界の幸せにつながるし、それに対して責任を持って今後進めていく」という基本的な考えとともにその方策として、具体的な国際関係の新段階、新型の国際関係についても話されました。これは「人類運命共同体」を具現化するための具体的な方策であり、考え方であると思っています。

今、いみじくも「一帯一路」という提案があり、それをどのように具体化するかという話し合いが各国間で始まりました。「一帯一路」実現のための考え方の基本はまさに「人類運命共同体」であり、この考え方なくして「一帯一路」は完成しないと思います。

「一帯一路」はそう簡単に実現できるものではありません。しかしこれを実現させようと考え行動を始めたことが、今後の中国の外交関係や、国際社会で中国がどのような位置を占めるのか、どのような立場にあるのかをよく示すことになると思います。ですから今年は大きなテーマを掲げ、大きな理念を実現するために、より大きな挑戦をする年になるでしょう。それを諸外国から集まった人々に向け、ボアオアジアフォーラムという場で表明をしていただくことは、とても大きな意味を持つことになると思います。

（原文は 2018.4『人民中国』に掲載）

4-2　課題とともに進めよう

1 はじめに

ダボス会議は、近年、グローバルな政治経済社会システムの「定期検診」の場となってきています。

37年来、このフォーラムをここまで発展させてこられたクラウス・シュワブ氏の先見の明と持続力に、改めて敬意を表したいと思います。

総理就任以来、欧米の政治ではよくあることですが、私にとっては困難な国内政局の中で政権運営を行っております。

世界においても様々な困難があります。

我々は、サブプライム問題に端を発する世界経済の先行き懸念、気候変動問題、また、ミレニアム開発目標達成に向けた貧困との戦い、さらにはテロや大量破壊兵器の拡散といった安全保障面の問題に直面しています。

一見すると困ったことに見えますが、私は、このような困難を克服することによって、人類を新しいステージに導くことができると、むしろ前向きに受け止めたいと思っています。

７月の北海道洞爺湖サミットに向けて、経済社会面での課題への対応についての私の考えを述べたいと思います。

２世界経済

米国のサブプライム問題や石油価格の記録的高騰等を背景に、世界経済の下方リスクが高まっています。

サブプライム問題は、新たな金融技術が開発され、同時にリスクが証券化等により世界中に拡散される一方で、それらに対するリスク管理が甘くなったことが問題の元凶ではないかと考えます。

今回の問題の、こうした「21世紀型の危機」という側面も踏まえ、持続的な経済成長が得られるよう、世界の経済・金融市場の在り方について議論していく必要があると思います。

現在は、リスクの再評価の過程です。

現状を過度に悲観する必要はありませんが、同時に我々は緊急に対応する意識をもって、各国が必要な対策をとるとともに協力して行動する必要があります。

サブプライム問題の解決に向けて、「バブル経済」崩壊の際の日本の苦い経験から言える教訓は、「素早い対応」と「金融機関の資本の毀損による信用収縮を未然に防ぐこと」の重要性です。

このような観点より、各国の財政・金融当局の努力を歓迎します。主要国の財政・金融当局は、最近の金融市場の混乱の要因を分析し、中長期対策についての検討を急いでおり、2月のG7でも議論される見込みです。

私は、こうした取組を推し進めていきたいと思います。

日本経済については、バブル崩壊以降、長い停滞状態にありましたが、民間の活力を伸ばすため、思い切った改革を断行してきています。企業も精力的な経営改革を行い、日本経済は、財政出動に頼らず、長期にわたる緩やかで着実な成長を続けています。

金融システムについては、主要行の不良債権比率が1.5パーセントまで改善しました。不良債権問題は正常化し、金融安定化に成功しました。現在、我が国の主要な金融機関は健全な財務基盤に立っており、資金供給は円滑です。

また、我が国銀行等のサブプライムローン関連商品の保有額は限られており、我が国への影響は限定的です。

しかし、世界経済の構造は大きく変化し、また、日本経済は、人口構成の高齢化等、様々な課題に直面しています。

私はここでもまた、課題はチャンスであると考えています。

国際化が立ち後れている分野に正面から取り組む一方、質の高い労働力や協調を重んじる精神、環境分野の進んだ技術など、日本の強みをさらに伸ばすことによって、環境と共生しつつ成長を続けていくことは十分に可能です。

そうした考えの下、私は、経済成長戦略を具体化し実行します。

その一環として、対日投資、貿易手続き、金融資本市場の改革等の市場開放努力を一層進め、日本を世界とともに成長する国としていきます。

私は、このような経済社会における改革を継続することは、自国のためというだけでなく、現在の状況下では、国際社会における責務と考えます。

3 気候変動

北海道洞爺湖サミットは地球の将来を討議し、明るい未来への展望をひらく絶好の機会です。

最大のテーマは気候変動問題です。

今や、地球環境問題は、議論の段階を過ぎ、我々の生活や経済活動に大きな影響を与える現実の問題となりました。

このまま何もしなければ、自然環境、経済社会活動の両面で破局を迎えかねないという意味において、人類にとって新しい大きな挑戦です。

日本は昨年、「クールアース50」を提案し、2050年までの世界全体の温室効果ガス排出の半減を呼びかけました。

本日は、「クールアース推進構想」を皆様に提示し、この構想を現実的な行動に導くための手段として、次の三点について提案します。

(1)ポスト京都フレームワーク、

(2)国際環境協力、

(3)イノベーション、の三つです。

私は、この提案の実現に向けた作業を直ちに開始します。

まず、ポスト京都フレームワークについてです。

昨年ノーベル平和賞を受賞した科学者達の会議ＩＰＣＣは、破局を避けるためには地球全体の温室効果ガスが次の10年から20年の間にピークアウトし、２０５０年には少なくとも半減しなければならないと警告を発しています。

私は国連にピークアウトと温室効果ガス排出半減の方策を至急検討するように要請します。

バリ会議では、２００９年末までに、現行の京都議定書の後に続く温室効果ガス削減に向けた新たな枠組みを目指すことで一致しました。

地球全体で温室効果ガスのピークアウトを実現するためには、全員が、なかんずく主要排出国がすべて参加する仕組みとすることが不可欠です。

私は、Ｇ８サミットの議長として、主要排出国全員が参加する仕組みづくりや公平な目標設定に、責任を持って取り組みます。

そうした中で、日本は、主要排出国とともに、今後の温室効果ガスの排出削減について、国別総量目標を掲げて取り組みます。

この目標策定に当たり、私は、削減負担の公平さを確保するよう提案します。

科学的且つ透明性の高い尺度としてエネルギー効率などをセクター別に割り出し、今後活用される技術を基礎として削減可能量を積み上げることが考えられます。

公平の見地から基準年も見直されるべきです。公平が欠如しては息の長い努力と連帯を維持することはできません。

気候変動問題は待ったなしの状況にあります。

我々には、新たな枠組みの合意を待たずとも、すぐにでも行動に移す方法があります。

それは、私の二つ目の提案である、国際環境協力です。

そもそも、エネルギーの最も効率的な使用を目指すことは、今や人類の責務です。温室効果ガスを大幅に削減できる革新的な技術が実際に利用可能となるまでの当分の間は、世界全体でエネルギー効率を徹底的に高める努力をしていかなければなりません。

エネルギー資源を海外に依存する我が国は、第一次石油危機に直面して以来、国を挙げて省エネに取組み、過去30年間、産業部門のエネルギー消費量を増やすことなく、実質ＧＤＰを２倍にすることに成功しました。

正に、成長と環境の両立を実現してきたのです。

我が国として実行できることは優れた環境関連技術をより多くの国に移転していくことです。

例えば、我が国の石炭火力発電効率を米、中、インドの３カ国に普及させれば、そのCO_2削減効果は日本一国の排出量に相当する13億トンになるのです。

私は、世界全体で、２０２０年までに30パーセントのエネルギー効率の改善を世界が共有する目標とすることを提案します。

国際環境協力のもう一つの柱は、排出削減と経済成長を両立させ、気候の安定化に貢献しようとする途上国に対する支援です。

その一つの方策として、我が国は、１００億ドル規模の新たな資金メカニズム（クールアース・パートナーシップ）を構築します。

これにより、省エネ努力などの途上国の排出削減への取組に積極的に協力するとともに、気候変動で深刻な被害を受ける途上国に対して支援の手をさしのべます。

あわせて、米国、英国と共に多国間の新たな基金を創設することを目指し、他のドナーにも参加を呼びかけます。

このような手段を活用し、途上国とも連帯を強化して地球全体の温室効果ガス削減を目指します。

三つ目は、イノベーションです。

これには、革新技術の開発と低炭素社会への転換の二つが含まれます。

2050年までに温室効果ガス排出量を半減するためには、革新的技術の開発によるブレークスルーが不可欠です。

これは非常にチャレンジングで、且つ大規模な技術投資が必要となります。日本としても石炭火力発電所からのCO_2排出をゼロにする技術や、世界中の屋根に取り付け可能な低コストで高効率の太陽光発電技術、グリーンITなどの開発を加速します。

我が国としては、環境・エネルギー分野の研究開発投資を重視することとし、今後5年間で300億ドル程度の資金を投入することとします。

国際的にも、例えば、IEAなどの国際機関と緊密に連携して技術開発を加速し、その成果を共有する枠組みの構築を提案します。

技術的な取組みに留まらず、私は、日本を低炭素社会に転換していくため、近々、生産の仕組み、ライフスタイル、都市や交通のあり方など、あらゆる制度を根本から見直すための検討に着手することを決定しました。

国内外の低炭素社会づくりを拡大し、地球をLow carbon planetにする先導役を果たしていきたいと考えています。

地球環境問題は、人類の歴史上、最も困難で、そして長い闘いになることは間違いありません。

国連が中心となってあらゆる階層の人々、ステークホルダーが叡智と困難に立ち向かう勇気を振り絞っていかなければなりません。しかも、時間はないのです。

このような課題を討議する北海道洞爺湖サミット自体についても、カーボンオフセットをはじめ、環境配慮を徹底します。

以上の「クールアース推進構想」は、Ｇ８の議長としての私の決意です。

同僚指導者の協力を得て、私はＧ８で真に世界の期待するこの問題の解決へ向けて、更なる前進を図ります。

４開発・アフリカ

サミットのもう一つの重要議題は開発・アフリカです。

私は、日本が「平和協力国家」として世界の平和の強化に貢献していくことを目指しています。

日本は、平和的手段で平和を強化します。その重要な手段が途上国の開発努力への支援です。

アフリカについては、私は、5月に横浜で第4回アフリカ開発会議、TICAD IVを開催し、「元気なアフリカ」のテーマの下でアフリカ開発を推進する議論を行います。開発の議題の下では、アフリカを含む世界全体の問題を取り上げます。

世紀の変わり目に、国際社会は高い理想を持って、ミレニアム開発目標をまとめました。今年は、2015年までに達成すべきこの目標のちょうど中間年に当たります。私は、「人間の安全保障」の観点から、サミットで「保健・水・教育」に焦点を当てたいと考えています。

まず、保健について述べます。

日本は、サミット主催国として初めてアフリカの首脳を招いた8年前の九州・沖縄サミットで、感染症に焦点を当て、その後、3大感染症に取り組む世界基金の創設に努力しました。

この基金によって、これまで約250万人の人命が救われています。

しかし、保健分野のミレニアム開発目標のうち、特に安全な出産と乳幼児の健康問題は、依然深刻な状況にあります。年間約50万人の妊産婦と約1000万人の乳幼児が死亡しています。

また、保健医療に従事する人材の不足も課題です。

この事態を早急かつ大幅に転換させるため、私は包括的な国際保健協力の推進を提案します。

この努力は、Ｇ８の政府関係者のみで担うことはできません。専門知識と経験をもった国際機関や世界の医療政策の専門家、現地で活動するＮＧＯや市民社会、民間企業などのすべての関係者の参加を得て、保健システムの健全な行動計画を策定していきます。

私は、この努力を21世紀に相応しい全員参加型の新たな国際協力の模範としたいと思っています。

次に、水を取り上げます。

水の問題も、温暖化が進む中で国際的に議論すべき課題です。

水害は深刻な脅威です。安全な水無くして健康なし、水へのアクセスなくして発展なし。循環する資源である水の有効管理に向けて、国際的な協力を進めたいと思います。

さらに、教育も課題です。

教育は全ての人々、国々にとって自立と発展の基礎です。

良質な基礎教育の普及に向けた「万人のための教育：ダカール目標」の達成のため、国際的連携を強める必要があります。

我が国は、これに加え、職業訓練や中・高等教育など、発展を後押しする更なる教育の機会を志ある人々に提供していきます。

次に、アフリカ開発に焦点を当て、TICADの課題についてお話しします。

私は、国の発展の基本理念は「自立と共生」だと考えます。

開発への支援も、途上国の自助努力を基礎として、その自立に向けて、お互いに尊重しあい、助け合うことが基本です。

持続的な開発を実現するためには、経済成長が不可欠です。アフリカの貧困撲滅のために経済成長を加速化し、アフリカの自立を後押ししていくことが重要です。

アフリカは、現在、自らのイニシアティブで、成長の基盤となるインフラ整備の戦略を作っています。しかし、これを実施するための資金や体制は、決して十分ではありません。

日本は、アフリカや国際社会と協力して、民間投資を引き寄せる魅力的な環境整備に向けて、道路網や電力網等の広域インフラ開発の青写真を示していきます。

民間投資が成功した例として、防虫剤を練り込んだ蚊帳、オリセットネットを製造するタンザニアのアルーシャ工場があります。

この工場の設置によって、現地の雇用と所得を創出するとともに、乳幼児のマラリア感染率を削減することにより、ミレニアム開発目標に貢献しています。

同時にアフリカの成長の加速化のためには、貿易・投資の拡充はもちろんですが、人口の約７割が農村に居住することから、農業生産性の向上が不可欠です。そのために、アフリカ自身の努力とこれに対する国際社会の支援に向けて議論を深めていきます。

皆さんは、シアという木の実をご存じと思います。シアの実から生産されるバターは、食用油にも保湿クリームや石鹸にも重宝されます。日本は、ガーナの農村で、シアバター生産の技術向上や住民の組織化、質の良い石鹸づくりなどを支援しました。その結果、現在では日本企業がシアバターの輸入を開始するなど、住民の所得向上につながっています。

地方の特産品の生産やマーケティングを支援する「一村一品運動」により、コミュニティ・ベースで地方経済を活性化できた好例です。

昨年、このダボスで、カベルカ・アフリカ開発銀行総裁は、「アジアの奇跡をアフリカの奇跡へ」と言われました。

アジアの自立に向けた発展は、アジアの人々の努力のたまものです。日本はパートナーとして、経済成長のための支援や人材育成を通じてこれを支えました。

日本はＴＩＣＡＤやサミットなどを通じて、アジアとアフリカの間の南々協力を積極的に推進していきます。

開発を可能にするには、平和であることが大前提です。

平和構築は、私が進める「平和協力国家」日本の一つの柱です。

日本は、これまでも、国の再建や復興への協力に力を入れてきました。新たに、アフリカ自身の平和維持能力向上を目的としたアフリカ各地のPKOセンターへの協力も行っていきます。


自分の平和は自分の手で。そして日本はそんなアフリカを応援する。

それこそが「自立と共生」の実践です。

私は、このTICAD Ⅳの成果を北海道洞爺湖サミットでG8の首脳と共有し、さらには、秋の国連総会において、これら二つの会議の結果を議長として報告して、世界と共有したいと考えています。

5 結び

これまでに申し上げた問題の解決に特効薬はありません。

また、一つの国家では解決できない課題です。

まずは、全てのプレーヤーが過去に約束した具体的な措置を着実に履行していくことが不可欠です。

日本は、約束してきたことは着実に実行してきた国です。

我が国には、世界が必要としている最先端の科学技術があり、高度の経済成長を実現してきた実績と経験があります。

これらをもとに国際社会の安定と繁栄のために、リーダーシップをとっていきます。

21世紀の新たな挑戦に立ち向かうためのキーワードは「全員参加型の協力」です。

国と国、人と人の間の「共鳴」により、政府、経済界、市民社会、学術界の連携を実現していく必要があります。

ダボスはその象徴です。

皆さんは、それを実践してきた先達です。

皆さんの協力を得て、私は今年のG８議長としての責務を果たしていきたいと思います。

（2008.1.26　ダボス年会）

4-3　世界の舞台で協力し合い姿勢を

日中関係は、このフォーラムの懸命な努力にもかかわらず、依然としてわれわれが重大な関心を払い続けざるを得ないという状況にあります。そしてまた、そこから抜け出せていないというのが現状であると思います。言論NPOと中国国際出版集団が共同で行いました、先般、今年の世論調査の結果を見ましても、依然として改善の兆しは少しは見えてきましたけれども、それでも8割近い人たちが依然として相手に対して、あまりよくない印象を持っております。これは、かなり異常な状態だというように考えます。この状態がここ数年来続いているということに対して、深く憂慮いたしております。

今、多くの中国の人たちが日本を訪れるようになりました。両国民の直接のふれあいが、着実に日中双方の相手を見る見方や認識を変えている、ということも事実です。さらにネットを使った新しいやり方で、若者同士の声もどんどん発信されるようになりました。彼らの交流も始まっております。

国民レベルの相互交流はこれからますます拡がっていくことでしょう。このことは素晴らしいことであります。しかし、交流が拡がればすぐに相手に好感を持つというわけにはいかない、これが人情であります。この限界をしっかり認識しながら努力を続ければ、少なくとも相手のことを良く知らずに腹を立てるとか、そういうことが、少しは減るのではないかと思います。

これまでのわれわれの経験からも分かるように、日中間では政治関係が国民同士の相手に対する見方に重要な影響を与えます。ですから、両国の政治が、相手に対してマイナスの評価を発信することは控えるべきです。そのことが、国民意識にもマイナスの影響を与えるからです。両国政府の間には、依然として幾つかの懸案があり、首脳レベルの交流もまだ限られております。なかなか前向きのメッセージが伝わってこない、というところに、両国が全体として前に踏み出せない原因の一つとなっております。

両国政府、とりわけリーダーたちが大局的な判断に立って、一刻も早く日中関係を正常な状態に、軌道に乗せる、ということが、求められているところでございます。今般、楊潔篪国務委員が日本を訪問されました。谷内国家安全保障局長と多くの問題を長時間協議するとともに、安倍総理とも会談しました。私もお目にかかってお話をしました。私も両国首脳の関係改善への熱意が、さらに強くなってきているという感じがしております。両国の、これらの努力が早急に結実することを願ってやみません。

なぜ、日中政治関係の改善が必要なのでしょうか。われわれが普通に考えるよりも、日中関係は、ひいては世界の平和と安定、そして発展にとって、とても重要な存在だからです。日中関係を安定させ、協力関係を強化することは、われわれの、アジアと世界に対する厳粛な義務であることを、お分かり頂きたいと思います。

昨年私は、第10回東京北京フォーラムの場で「賢者は歴史から学び、愚者は経験から学ぶ」という、有名な言葉を引いて、歴史から学ぶことの必要性と重要性について改めて触れました。そして、戦前や戦後の日本自身の失敗の歴史にも触れました。日本の失敗は日本という国が、一時の成功に酔いしれて傲慢になった時に起こっております。自分中心の考え方になってしまい、外が見えなくなってしまった時に起こっているのであります。そのような間違いを犯さないためにも、客観的、科学的に歴史を学び続けることはとても大事なことであります。そして歴史的に物事をとらえることが、広く世界全体を考えながら大局的な判断をするために、必要不可欠であると考えております。歴史観と大局観、これは分けることが出来ません。このことは、日本でも深刻に考えることであります。

私は昨年のフォーラムで、アジアの三つの姿をお話ししました。一つは「力強く成長するアジア」であり、二つは「老いていく、年老いていくアジア」であり、そして三つ目が「いがみ合うアジア」であります。そして「アジアが老いていく前に、現在のアジアの経済成長と繁栄と安定を持続的なものとしていくために、日中両国は緊密に協力する必要がある」ということを申し上げました。

そしてさらにそれから一年が過ぎました。現状は一体どうなっているでしょうか。「力強く成長するアジア」にも、陰りが見えてまいりました。「老いていくアジア」は、確実に進んでいます。そして「いがみ合うアジア」は、これは相変わらずでございます。つまり日中の協力関係の強化の必要性と緊急性、これは、さらに大きくなっているということであります。われわれは協力関係の強化に向けて、大きな一歩を踏み出さなければなりません。

視野を世界に拡げてみましょう。

中国経済の動向に全世界が一喜一憂し、米国の金利の引き上げがいつになるのか、世界がかたずをのんで見守っております。中国の経済成長の鈍化も世界の資源価格の低下の理由の一つになり、それが今度は、新興経済体や開発途上国の経済にも大きな影響を与えております。

アフガニスタンやイラク、シリアでのガバナンスの崩壊が、「イスラム国」を生み出し、テロリズムが強まり、欧州における難民問題を引き起こしております。国家が統治能力を失い、多くの悲劇を生みだす状況は、アフリカでも起こっています。

気候変動が一つの原因となって、世界中で異常気象が起こり、自然災害が頻発し、多くの人たちがその被害者となって苦しんでいます。

国連の推計によれば、２１００年の世界の人口は１１０億人を超え、22世紀はアフリカの世紀などと言われています。２０１２年の世界人口が72億人ですから、２１００年にはその1.5倍の多くの人たちが皆こぞって豊かな生活を送ろうとするのであります。そのためにどれほどのエネルギーが要り、どれくらいの環境問題を引き起こすか、ということを考えると、それは恐ろしくなります。

このようにアジアがいがみ合っているその瞬間も、世界は国境を越えるたくさんの人類共通の課題に直面しております。世界はお互いがいがみ合っているような暇はないということです。ましてや、世界の二つの経済大国である日本と中国が、いがみ合うことなどとんでもないことです。むしろ、これらの課題に対して真剣に協力し合うことは、あまりに当然のことではないでしょうか。

日本と中国が、あるいは韓国が、世界を舞台に「いがみ合っている」、こういう姿をわざわざ見せる必要はないでしょう。もうこういうことはこのくらいにして止めましょう。身内の問題は身内のこととして、自分自身で対処すべきであります。われわれはむしろ、協力し合いながら人類共通の、世界全体が直面している問題に、共に手を携えて取り組む姿勢を、世界に示して行こうではありませんか。そのためにわれわれは、東アジアがどういう理念をもち、何を目指しているのかを世界に示すべきです。短期的な、狭い、それぞれの国の利益だけではなく、長期的な広い視野に立って、われわれが目指す方向をそろそろ全世界に対して示しても良いのではないでしょうか。

東アジアでわれわれが追求すべき理念は、今回の世論調査がいみじくも示しているように、国民の望みは先ず、「平和」であります。日本と中国でそれぞれ7割及び6割の人たちがそれを望んでいます。その次に「協力」と「発展」があります。日中のほぼ4割の人がこれを支持しています。

平和と協力、発展が、われわれが向かうべき共通の理念であり、目標だということを言っているのだと思います。それが、両国国民が望んでいることでもあるのです。そのことは、先ほど蒋建国主任が指摘されたとおりでございます。その為に日中でやれることは、無限といっても良いほどたくさんあります。それを、東アジアの国々が守るべきルールを作りあげるという基本的姿勢を堅持しながら、進めていくということにしてはどうでしょうか。

中国も法治の完成に向けて全力を尽くされております。その御努力と正確な政策実行を高く評価し、支持をいたします。いかなる社会においても、国際社会においても同じでありますが、この守るべきルールをはっきりさせることからスタートする、ということも一つの方法かと思います。先ほど趙啓正先生は、盆栽にたとえられました。小さな鉢に植えた盆栽のことであります。しかし、その時代は、もう今、過ぎ去らなければいけない時期にきているのではないかというのが私の考えであります。日中は、世界に羽ばたく日中関係でなければいけない、こう思っているのであります。盆栽の話は、大変、私は興味深く拝聴いたしましたけれども、その時から数年経っております。今は世界に羽ばたく、盆栽から羽ばたく時代になったというふうに考えております。

いずれにしましても、第11回東京－北京フォーラムの場が、日中の議論をそういう方向に導く嚆矢となってほしいものだと考えております。日中の明るい未来に向けて楽観的な希望が持てるような、そういう建設的な結論が出るようなものにしていただきたいと切に願って、念じております。

（2015.10.26 第十一回東京－北京フォーラム）

4-4　人類共通の倫理とその黄金定律：己の欲せざるところ、人に施すことなかれ

「知者不惑」「一日之長」「四海兄弟」などの四字熟語が、『論語』に由来することは日本人なら誰でも知っています。これらの知恵に満ちた表現は、中国の他の古典文化とともに古来より日本人に受け入れられ、日本語の語彙の一部となってきました。漢字文化圏以外の地域では、『論語』を例にすると、「己の欲せざる所は人に施すなかれ」が最も広く知られている言葉でしょう。なぜなら、他の文化圏の経典にも同じような表現が載っているからです。つまり、「己の欲せざる所は人に施すなかれ」に含まれる意味と価値は、地域と人種の差を遥かに超え、広く共有されているのです。

そのため、日本の福田赳夫元首相はインターアクション・カウンシル（以下、ＯＢサミット）を創設し、１９９５年に亡くなるまで自ら会長を務めていました。１９９７年のＯＢサミットでは、世界共通の意義と価値を持つ倫理規範をまとめ、成文化することを目的とした「人間の責任に関する世界宣言」を全会一致で採択しました。グローバルな倫理規範を支える中心となるキーワードとして、「己の欲せざる所は人に施すなかれ」が選ばれました。この一言が

数千年の歴史に検証され、地球上の生きとし生けるものに静かに影響を与えていることを踏まえ、「人間の責任に関する世界宣言」にはこの言葉が「黄金律」とされています。

「己の欲せざる所は人に施すなかれ」が黄金律となった時代背景は、１９８０年代に冷戦で世界が二極化され分断されていたことが挙げられます。福田赳夫元首相とヘルムート・シュミット元ドイツ首相は１９８３年に、両国の悲惨な歴史的代償を教訓に、各国の政府要人を率いて平和のための対話と健全な国際関係・社会的発展を目指す「インターアクション・カウンシル」を結成しました。

ＯＢサミットは創立から30年以上にわたって、五大陸の主要都市で定期的に開催されています。会期中に、各国の元政府要人約30人が集まり、政治と地政学、経済と金融、環境と開発などのグローバルな公共的課題における難題の解決に向けて議論し、方向性を探ります。

グローバルな商取引や政治の国際化が急速に進展する中で、人間の倫理という指標は見落とされがちです。世界の主要宗教が共有する倫理的なコンセンサスは、グローバルな公共倫理の確立の強力な理論的基盤となり、経済を含むあらゆる分野と人間活動に影響を与え、世界の平和に貢献できるとわれわれは信じています。「人間の責任に関する世界宣言」に示された倫理的価値観が指針となり、その中心的価値である「黄金律」は、必ず東洋と西洋を結びつけるものになります。われわれは、人間の責任と権利に裏と表の区別はなく、人権を享受すると同時に責任ある行動を取らなければならず、無責任な行動は必ず人権の消滅につながると考えています。

21世紀を迎えた今日ほど、世界が複数の現実的な課題に対処するために、グローバルな公共倫理の力に期待したことはありません。残念ながら現状では、政府主導で行われる政策決定に倫理規範の概念を読み取ることは難しいです。従って、共通の価値観の規範の下で、最も基本的な倫理のベースラインを守ることは時代の精神が呼び掛けているものです。

２０１４年3月、われわれはＯＢサミット発祥の地であるウィーンで、「政策決定におけるグローバルな公共倫理」をテーマとした会議を開催しました。道徳の価値と利己主義の関係、倫理に基づく人間の知恵が、本当に平和で公正な世界の構築に生かせるのか、経済や科学技術の発展の方向性と倫理概念の役割などに繰り返し焦点を当てました。

会議だけでは、多くの疑問に明確な答えが得られないことは承知しています。しかし、会期中に発表された多くの論文や、行われた活発な議論が非常に貴重で有益なものであったため、ウィーンの会議内容「倫理と決断」を英語で成文化して、日本語、インドネシア語、インド語を含む8カ国語に翻訳することにしました。その中国語版の出版を間近に控えていることが特に感慨深いです。中国語版の出版を全力で支持し、協力したのは、まさに今回の盛会の主催者である国際儒学連合会です。

対話は文明の進化を促し、誠実な努力は異文化間の相互理解を促進しました。習近平国家主席がユネスコ本部で演説した「多彩、平等、包容」の文明実践を心から望むとともに、期待しています。同時に、今回の会議と中国が、アジアと世界に対してより大きな貢献をしていくことを期待しています。

共に「己の欲せざる所は人に施すなかれ」という言葉で励まし合い、「温故創新」という形で交流し合いましょう。

（2016.7.1 アジア文明交流互鑑国際シンポジウム）

4-5 日中関係回復の「起爆剤」となる「一帯一路」

5月中旬に行われる「一帯一路」の国際フォーラムは、参加国の首脳やＶＩＰが一同に介して顔合わせをし、協力の意志を確かめ合う場だと思っています。発案者の中国がリーダーシップを取り、その考えを理解してもらうための場になれば大成功ではないかと思います。「一帯一路」は正しい選択。グローバリゼーションは世界経済発展のために必要な仕組みで、国と国の間の塀を低くすることでモノやお金を自由に交流させ、大きな利益をあげようというものです。

私はグローバリゼーションと「一帯一路」には共通点が多いと思っていますが、その推進のためには、自国の利益だけではなく、他国の利益も同じように考えないと恩恵は返ってきません。「一帯一路」の理念は「共に発展を」だと私は考えています。この発想はグローバリゼーションに沿っていますから、中国が今、「一帯一路」を提案しているのは正しい選択だと思います。そして、「一帯一路」を提言した中国は必然的にリーダーシップを取るべき立場にあります。

急速な発展を遂げた中国が、「一帯一路」やアジアインフラ投資銀行（ＡＩＩＢ）を採り上げたのは良いタイミングだったと思います。中国経済が発展し、国民の生活レベルが大幅に向上した今、周辺諸国も同様に発展するための制度や設備、インフラなどを整えていく必要があるからです。

共に歩むためのリーダーシップを

中国経済の発展には目を見張るものがありますが、中国は大国ですから、多少の動静が想像よりも大きく見えてしまいます。その安定を支えるのが「一帯一路」であり、ＡＩＩＢだと言えるでしょう。強くなった中国が、「ついてこい」ではなく、「みんなで一緒に成長していこう」という他国への責任感を持ち始めたことが伺われ、その点を評価したいと私は思っています。

また、騒乱や紛争、政情不安は経済発展の障害になりますので、紛争を避けるための方策も一緒に考えていければ良いでしょう。グローバリゼーションの究極の目的は紛争の回避だと私は思っていますので、その大きな役割を果たすという宣言を、フォーラムで行ってもらえればと願っています。

日本と中国は多方面で地域のリーダー役を果たしていくべき存在ですから、ケンカをしては話になりません。日中関係は新しい時代のために緊密な関係をつくり、前向きに進んでいくための起爆剤になるべきです。「一帯一路」はその起爆剤に十分なり得ますし、ならなくてはいけない存在だと思います。若者の相互理解や日本独自の技術に関する指導などは、「一帯一路」を起爆剤に、さらに盛り立てていくことができるでしょう。

日中国交正常化45周年の今年に際して願うのは、中国が健全に発展しつづけることです。同様に日本も発展に向けて努力を続けることで、お互いにうまくいくでしょう。そのお互いのがんばりを正しく国内外に伝えるために、メディアは存在します。『人民中国』にはぜひその重要な役割を果たしていただきたいと思っています。

（原文は2017.5『人民中国』に掲載）

4-6 「人類運命共同体」の理念が世界の人々に幸福をもたらす

人類には一つの地球しかなく、各国は一つの世界に共存しています。国際社会はますます互いに融け合って切り離せない「運命共同体」になりつつあります。世界経済の複雑な情勢とグローバルな問題を前に、どの国も自国のことばかり考えて他国を顧みないということはできません。

習近平国家主席が打ち出した人類運命共同体の理念は、世界中の全ての人々を幸福にすることを目指しています。「一帯一路」建設はその具体的な行動であり、各国の協力促進を通して、ウインウインと共同発展を実現するものです。「一帯一路」の建設は、共に話し合い、共に建設し、共に分かち合うことを原則とし、全ての参加国、さらには全世界がそこから利益を得られ、全ての国々の人々の幸福を増進するものです。その意味において、「一帯一路」は時代を跨ぐ意義を持つ素晴らしいイニシアチブです。隣国として、日本は当然「一帯一路」イニシアチブに加わり、中国と協力して各国民に幸福をもたらすべきです。

習主席の打ち出した人類運命共同体の理念、「一帯一路」イニシアチブ、新型の国際関係理論は、互いに緊密に結びついた有機的な総体です。中国のたゆまぬ発展に伴い、私は習主席が国際関係について明確な見解を示すことを期待していました。喜ばしいことに、習主席は新型の国際関係理論を打ち出しました。相互尊重、公平・正義、協力・ウインウインを提唱する新型の国際関係理論は人類運命共同体の理念を貫き、恒久平和、共同繁栄の人類の夢の実現を最終目標としました。習主席の打ち出した新型の国際関係理論に、私は両手を挙げて賛成します。

今や中国は多くの分野で飛躍的に進歩し、米国に迫り、相当な圧力を感じさせています。これはかつて日本が経験した状況と良く似ています。1980年代、日本は米国に対して大きな貿易黒字があり、米国との「プラザ合意」を余儀なくされた後、円は短期間に急速に上昇しました。この激しい変化は日本の市場、産業、経済など各方面に多大な悪影響をもたらしました。中国は日本の痛ましい教訓をくみ取り、警戒心を高め、慎重に行動するべきです。

現在、中国は米国だけでなく、多くの国々に対して貿易黒字の状態にあります。これは中国がグローバル化システムの中でうまく発展していることを物語っており、中国企業がグローバル化の本質を捉え、利益を得ていることを物語っています。では、グローバル化とは何でしょうか？　グローバル化とは、質の良い製品を低価格で生産することです。各国民はみな安価で良質の製品を好みます。安価で良質の製品を生産できる国の貿易黒字は自ずと増加します。現在の米国の貿易赤字の原因の一部は、安価で良質の中国製品が米国民に深く受け入れられていることにあります。米国は貿易赤字に悩んでいますが、それより自国の生産モデルを深く反省するべきです。

保護貿易主義の危険性と自由貿易の重要性は言うまでもありません。現在、世界各国は保護貿易主義が台頭する傾向を大変懸念しています。中国と米国はすでに緊密不可分の協力パートナーです。米国の多くの産業は、中国からの輸入品に頼っています。同時に、米国には農業など中国市場に大きく依存する産業が多くあります。トランプ政権は功を焦り、保護貿易主義措置を講じました。これで一時的には米国の貿易赤字を緩和するかも知れませんが、産業構造を変えなければ貿易赤字問題の根本的な解決にはなりません。米国内で、トランプ政権に現在の保護貿易措置の停止を求める声がますます高まっていくと信じています。米国政府は速やかに政策を調整すべきです。

中国のたゆまぬ発展は、世界各国に多くの発展のチャンスをもたらしています。一方で、中国が強大化した後の行き先を懸念する国もあります。この重要な時期に、習主席は人類運命共同体と新型の国際関係の構築を提案し、中国はどんなに発展しようとも永遠に覇権を唱えず、永遠に拡張しないという平和発展の道を堅持する決意を世界に宣言しました。習主席の外交思想は、国際社会の懸念を払拭する上で重要な意義があります。

昨年（２０１７年）10月、習総書記は中国共産党第19回全国代表大会で大変素晴らしい報告をし、中国の将来の発展の方向性を描いただけでなく、世界の問題の解決にも中国のプランを示しました。国際社会は中国の見解と主張をもっと聞くことを望んでいます。今回（２０１８年）のボアオアジアフォーラム年次総会は大変重要な機会です。メディアの客観的で正確な報道を通じて、世界各国はますます中国への理解を深めることと信じています。

（原文は2018.4.9『人民日報』に掲載）

4-7 「人類運命共同体」の実践

私たちは昨年に日中国交正常化45周年、一昨年の日中平和友好条約締結40周年を迎え、日中の戦略的互恵関係を全面的に推し進めることが両国政府と両国民共通の認識となりました。日本と中国はアジアの中で最も重要な国であり、両国関係が引き続き安定的に発展していくことは、日中両国にとって重要なだけでなく、アジアの未来、さらには世界の平和と安定にもつながってきます。したがって、日中両国は再び双方の関係が正しい軌道から逸脱しないように、共に努力を重ねていくべきです。そのために、私たちは積極的な役割を果たし、中国の新たな改革開放の歩みを、中国のみなさんと共に促進していきたいと思います。

日中関係の安定的、持続的な発展

私が小学校に上がる前、父・赳夫の仕事の関係で、半年ほど中国の南京で暮らしたことがあります。当時の中国での生活と経験、そして中国に対する認識は私の記憶の中に深く残っています。そして、知らず知らずのうちに、後の私の中国問題に対する考え方に影響してきました。私は、中国と日本がアジアの平和を守り、発展を促進し、共に繁栄するパートナーになることを常に望んでいます。

父・趙夫が総理大臣を務めていた1978年、日本は全方位平和外交を提唱し、中国と『日中平和友好条約』を締結しました。その後、鄧小平さんが日本を訪問し、帰国後間もなく改革開放という重要決定を打ち出しました。そこから中国経済は対外開放を開始し、社会の様相も劇的に変化しました。

特に著しいのはインフラ建設の面で、中国は十数年という短い時間に高速鉄道の総延長距離は2.5万キロを超えました。これは日本の新幹線の総延長の8倍に当たります。今、中国の政治は安定しており、社会の秩序も良好で、経済発展にとって良い環境が出来上がっています。そんな中国の発展ぶりを見て、私はうれしく感じています。

私は2018年6月に再び南京を訪れ、南京大虐殺記念館（侵華日軍南京大屠殺遇難同胞紀念館）を参観し、戦争で亡くなられた方々に献花し黙祷を捧げました。歴史問題は、日中関係のさらなる前進をずっと妨げている大きな障害です。しかし、事実は事実であり、歴史を尊重すべきだと私は思います。日中の両国民は歴史を忘れてはならず、戦争がもたらした惨酷な代償を忘れてはならないし、私たちはこのような悲劇が再び起こることを決して許してはいけません。私たちは未来を見据え、心を一つにし、平和で素晴らしい新たな時代を創るために努力をしなければなりません。

日本は戦後、経済の復興と成長の時期を経て、経済面で大きな発展を遂げました。それと同時に、失敗から得た教訓もあります。私は、経済発展は「急がば回れ」だと思います。中国は日本の過去の経験を参考にし、自国に合った発展の正しい道を探し求めるべきです。

また日本は戦後、食糧不足に陥り、暴動やデモなど社会的に不安定な現象がたびたび起こりました。当時、政府は多くの経済発展の措置を打ち出し、経済の高度成長の実現をもって社会秩序を安定させました。

私の父は1955年から75年までの20年間に、大蔵大臣（現財務大臣）や農林大臣（同農水大臣）、経済企画庁長官（同内閣府特命担当大臣）などの経済関連の重要ポストを任されました。また自民党内では幹事長、政調会長などの重職を務め、同党内で経済政策の制定と実行を担当する責任者でした。

父の経済政策分野での決断と豊富な経験は、高度経済成長期の日本で大きな役割を果たしました。中国も、経済の高度成長期に経済的な措置を駆使して、発展の過程で遭遇するさまざまな問題を順調に解決して行くことを希望します。

私は２００７年に、当時中国の国家首席だった胡錦濤氏と会談を行いました。その頃、中国が直面していた最も大きな問題は、環境問題と、それに密接に関連するエネルギー問題でした。私は、お隣さんが順調に発展していってほしいという考えから、日本の経験を踏まえて、胡主席に建設的な政策アドバイスをしました。胡主席もまた真摯に私の意見に耳を傾け、受け入れてくれました。

２００８年には北京で夏季オリンピック・パラリンピック大会が開かれました。これは中国にはとても重要なことでした。オリンピックはスポーツの祭典であるだけでなく、一つの国家が新たな時代に入った証しでもあります。

例えば１９６４年の東京オリンピックは、日本を新たな時代へ導いただけでなく、日本人の世界に対する考えをも大きく変えました。日本の復興も五輪に伴い新たな段階に入り、日本も世界との繋がり方や、国際社会に対しどのように貢献していくかと考えるようになりました。

中国も２００８年にこのような発展の段階に入りました。中国が北京オリンピック・パラリンピック大会を成功させたことは、中国の国際的なイメージを大いに高め、世界に中国の素晴らしさを示し、中国の国民も時代がもたらす新たな使命と責任を再認識しました。

私が首相を務めていた２００８年、中国と第４の政治文書「『戦略的互恵関係』の包括的推進に関する日中共同声明」を結びました。10年以上経った今、日中が署名した四つの政治文書は、日中関係を推し進める上で、とても重要な役割を果たしています。

中国は今、世界に向かって大きく羽ばたいており、これこそが世界が必要とする中国でもあります。日本も大いに協力し、共に手を携えて、世界へ羽ばたくアジアを築き上げていこうではありませんか。

父も私も「中国人民の古い友人」として、日中関係の「調整役」、さらには「消防士」の役割を担ってきました。父が首相を務めていた１９７８年、中国と『日中平和友好条約』を締結しました。この千字に満たない文書は、日中関係にとっての政治的な基盤と法律の規範を確立しました。

それから30年後、私が首相在任中に、中国と交わした四つ目の政治文書「『戦略的互恵関係』の包括的推進に関する日中共同声明」は、新たな歴史における両国関係の発展の原則的な指針となりました。

私は首相在任中に、日中関係におけるいくつかの「史上初」を実現しました。一つ目は２００７年９月28日、私と当時の温家宝総理が初めて日中首脳の電話会談を行ったこと。二つ目はその年の12月、私が中国を訪問した際、胡錦濤主席主催の晩餐会に出席し、中曽根首相以来、

21年ぶりに「迎春の旅」を実現したことです。

また私は、初めて孔子廟を訪問し、北京大学で講演し、中国全土にテレビで生放送された日本の首相となりました。私の首相在任中、日中関係は新たな段階を切り開き、アジアの発展にチャンスをもたらしました。

アジア協力の明るい将来

私は2007年に、アジアは将来の、世界の発展の中心となるだろうと予言しました。当時、アジアの人口は世界の総人口の6割程度を占めていました。10年後には、インドの人口を含めると、おそらく世界の人口の大半を占め、それに伴いアジアの経済規模も大きく成長し、「アジアの世紀」が到来するでしょう。

このような背景で、経済の交流を拡大するだけでは足りません。さらに全方位における協力が必要であり、こうしてこそ成熟したアジアとなるでしょう。

内在的な価値を見てみると、アジアの良好な発展の鍵は安定にあります。アジア各国の国内が安定し、隣国関係も安定が必要です。そのためには、アジアにおける新しい国際関係を築き上げることが必要であり、中でも日中韓三カ国の関係はとりわけ重要です。

現在、アジアの発展の勢いは良好で、将来の発展の余地もまだまだ大きいのですが、自らが解決しなければならない問題もあります。

まず、私は日中韓の間での二カ国間関係を改善すべきだと思います。もし日中韓の間で摩擦が起きたら、アジアも混乱しかねません。アジア全体が団結してこそ、世界各国は安心してアジアと自由に交流していけることでしょう。

そのため、日中韓はアジアで最も重要な三カ国として、これ以上争いを続けるのではなく、対話を通じて相互理解と相互信頼を築き、共同発展を促進し、アジアひいては世界規模での平和と発展を実現していくべきです。これが私の「アジアの夢」です。

次に、アジアと欧米との関係をうまく処理していくべきだと考えます。２００８年当時、金融危機の影響を受けて欧州経済は停滞状態にありました。米国は危機を克服したものの成長速度は遅く、現在も巨大な貿易赤字の圧力にさらされており、いまだに財政状況が好転する兆しを見せていません。

中国はずっと改革開放の旗を高く掲げ、急速な経済成長をキープしてきました。だからこそ、高速の発展を維持し、短期間で世界が目を見張る進歩を遂げたのです。これは他の国では見られなかった奇跡であり、中国は人類史上初めてそれを達成した国です。中国がこれまでに収めた成果を大事にし、その上でより効率的な体制とシステムを構築・整備していくことを望みます。

現在、国際社会で中国に対する批判を時折耳にします。このような誤解を生む原因の一つは、今の中国はまだ新たな事業を始めたばかりで、実際にどのような結果が得られるかは、今後の実践の中でさらに検証される必要があるからだと思います。全世界から理解してもらうには、あと3年から5年は必要でしょう。実際の効果が現れるまでは、さまざまな異なる声が出て来る可能性があり、その中には誹謗や中傷の声も出て来るでしょう。

中国の急速な発展も、外部の誤解を招くもう一つの原因でしょう。世界中のどこも、これほど急速に発展できる国はありません。また、中国は大国であるため、多くの国々が巨大津波のような恐怖と脅威に襲われると感じ、警戒心を強めてしまったのです。その中には、米国をはじめとする経済大国も含まれています。

そのため、中国が「人類運命共同体」の構築という理念を繰り返し強調するのは非常に正しいやり方であり、この先もたゆまぬ努力と行動で、このような堅持が正しいということを証明していかなければなりません。

アジアの人々は責任感と時代観を持つべきであり、自分の歴史的な使命を明確にしなければなりません。「ボアオアジアフォーラム」は、これについて詳しく説明しています。「ボアオアジアフォーラム」は２００１年に発足し、２００２年に行われた第１回の年次総会では、当時の小泉純一郎首相も出席し、講演しました。日本はこのフォーラムの創設国の一つとして、このフォーラムをとても重視しています。

当時の先人たちは時代の発展の流れをはっきりと認識し、まだ大規模なフォーラムを開催したことのないアジアで、「ボアオアジアフォーラム」という世界的な国際フォーラムを始めました。

私がこのフォーラムの理事長を務めていた２０１０年４月、中国はちょうど経済の高度成長期にあり、国民総生産（ＧＤＰ）が日本を抜いて、世界第二の経済大国となりました。その当時の中国が一番必要としていたのはグローバル思考で、またその理念を行動に移すことでした。

「ボアオアジアフォーラム」は「中国の国際社会に向けて開かれた窓口」であり、中国はこの窓口を通して広範な対外交流を展開し、先進的な経済管理方法を学ぶことができました。これは中国経済の発展を促進する上で重要な意味を持ちます。同時に、中国と国際社会の相互理解を促進するために良いチャンスも提供しました。そのため、中国の発展で最も重要な時期に、同フォーラムは中国が世界へ出て行くために大きな役割を果たしたと言えるでしょう。

人類運命共同体のたゆまぬ前進

東アジア主要国間の関係が世界的に注目を集めており、特に日中、日韓関係の中で長年に渡って存在してきた矛盾は世界が関心を寄せる問題となっています。いかにこの行き詰まりを打破するか、各国の政治的決断が求められています。

アジアでは、民主主義や市場経済など、世界的に広く認められている価値観以外にも、われわれアジアの伝統的な価値観を共有しています。「アジアの伝統的な価値観」とは、実は「包容の精神」の現れだと思います。

この精神のモデルと言えるのが、アンコール王朝（カンボジア）のジャヤーヴァルマン7世です。彼は民をわが子のように愛し、他の部族にも真心をもって接しました。その精神の核心は、アジア文明の真髄である自己抑制と衝突回避だったと言えます。

私の父・赳夫はずっと「運命共同体の理念」を主張していました。人は誰しも一人で世に生きることはできない。人と人は「包容の精神」で助け合うことが必要なのだと。これはとても素朴な考え方です。つまり、「人間は一人で生きることはできない。互いに助け合うことが必要だ」ということです。

その基本的な意義から言うと、国内においても国際社会においても、内外の相互関係を調整する時には自分のことだけを考えていてはだめで、他人を思いやり互いに助け合う精神が何よりも大事だということです。このような境地がなければ、世界はもっと良くならないでしょう。

また、私たちは核兵器廃絶、環境、人口などのさまざまな問題、さらに人類の生存と発展において解決しなければならない多くの問題にも直面しています。その中で、一人ひとりが「運命共同体」の意識を持って、問題解決のために自分の責任を果たしていくべきです。

父・赳夫は在任中、全方位的な平和外交を実践していました。東西冷戦期の１９８３年、米ソ両国は軍拡競争に狂奔し、軍拡は絶えずエスカレートしていきました。彼らはそれぞれ膨大な数の核弾頭を保有し、人類に大きな脅威を与えただけでなく、それだけの数の核兵器を保有するために経済の発展に影響を与え、経済の衰退を招き、その結果が米ソ両国にとっても全世界にとっても何を意味したのかは言うまでもありません。

この他にも、世界では環境、人口、食糧、エネルギー、宗教紛争など、多くのグローバルな問題が起こっています。そのため、日本は国際社会に強く訴え、これらの問題を解決する方法を模索していく必要があると切に感じています。

福田赳夫はそのために、国会の施政方針演説で何度も言及し、また「ＯＢサミット」の創設を提唱し、最終的にこのシステムを創設しました。それが「インターアクションカウンシル」で、世界の大統領・首相経験者が集まり、それぞれが自国の立場から離れて、人類の直面する諸問題について自由に意見を交換します。会議後には議事録をまとめ、参加者が自国に持ち帰って首脳に提出し、対策を講じるよう促しました。

第１回の会議はオーストリアのウイーンで開かれ、その後、毎年開催されています。福田赳夫の理念は徐々に受け入れられ、アジアは新しい発展の時代を迎えることとなりました。ＯＢサミットでは、米ソ両国に核弾頭の保有を放棄し、軍拡競争の停止を求める提案をしました。そして数年後、レーガンとゴルバチョフが核競争を止める決定を下しました。その他にも世界中で対立が発生し、宗教紛争がしばしば国際紛争を引き起こす引き金となりました。そこで福田赳夫は、ＯＢサミットで、政治家と宗教関係者との対話の場を設けることを提案しました。

習近平国家主席が２０１４年、欧州各国を訪問した際、「人類運命共同体」の構築を提唱しました。この呼びかけは、ヨーロッパと中国の連携を強めるものです。その年、私は30年以上にわたるＯＢサミットの成果と知恵を一冊の本にまとめ、『世界はなぜ争うのか』を出版しました。また、この本の中国語版が２０１７年、中国でも出版され、その「運命共同体理論」は中国の理念と見事に合致しました。

２０１７年の秋、習近平主席は中国共産党の第19回全国代表大会（十九大）で、「人類運命共同体」を共に構築し、人類が持続可能な発展する世界を創造することを明確に打ち出しました。この理論は福田赳夫が掲げた「運命共同体理論」と通じています。

14億近い人口を持つ国家の最高指導者として、「人類運命共同体」構築という思想を打ち出したのは、国際的に信頼できる国作りをし、世界の人々が幸せな生活を送れるようにするためです。中国が高度成長期にこのような理念を提唱できたことは、中国の歴史的使命感と責任感を十分に物語っています。

アジアの発展は、世界の他の地域にはないものです。そしてアジアの中心は日本・中国・韓国の三つの国を中心とする東アジア地域です。その東アジアに身を置く中で、私たちは自国の発展を喜ぶだけでなく、しっかりとその責任を負わなければなりません。私たちは身をもって手本を示し、良好な関係を築き、友好増進に務め、その責任を担い、アジアの成長と発展を着実に促進していくべきです。そうすれば、世界は、大きく充実したアジア、人々に安心感を与えるアジア、世界にプラスのエネルギーを貢献するアジアを見ることになるでしょう。

ここアジアでは、人類運命共同体の夢が花開きつつあります。夢をかなえるには、政府から民間まで、国内から世界まで、一致団結した努力が必要不可欠です。

（2018.6.25「中日和平友好条約」締結40周年記念国際会議）

4-8　世界激変の実感

昨年、私は、北京で開かれました東京－北京フォーラムの場におきまして、世界は再び大きく変わろうとしていると申し上げました。本年、私たちは、そのことを、身を以てひしひしと感じております。

それは、世界の政治、経済、安全保障の仕組みと申しますか、大きな建て付けと申しますか、何かそういうものが大きくきしんでいることを私たちが実感し始めているということでもあります。

それは、戦後70有余年、世界の平和と発展を支えてきた国際的な仕組み、つまり国際秩序が動揺し始めたということでもあります。

私の幼少のころ第二次世界大戦が起こりました。人類に、未曾有の甚大な被害と痛みを与え、ドイツと日本の敗戦により終わりました。

それに続く戦後の大混乱。それを乗り越え、私も日本の国民の皆様とともに、今日まで続く、長期にわたる平和と豊かさを享受しております。

戦後日本の平和と繁栄は、もちろん日本国民の努力のたまものです。もう少し謙虚になれば、運が良かったと言うべきかもしれません。

しかし、今、これまでを振り返ってみれば、戦後作りあげられた国際秩序の存在こそが、日本の復興と発展、平和と繁栄の本当のイシズエ（礎）であったという思いを強くします。

戦後の国際秩序は、皆様もご存知のように、１９４１年8月にルーズベルト大統領とチャーチル首相がまとめた「大西洋憲章」に基づいて作りあげられています。「大西洋憲章」は、領土不拡大、民族自決、通商の自由化、恒久的な安全保障機構の樹立など8項目の原則を打ち出しました。

アメリカは、１９４１年12月に参戦すると、すぐに戦争が終わった後どうするかを考えています。やはり大したものです。ここにおいて、名実ともにイギリスからアメリカに世界のリーダーとしての地位が移ったと言っても良いでしょう。

第14回東京－北京フォーラムにて講演する福田康夫

この戦後国際秩序をどう構築するかについて、アメリカ、イギリス、ソ連と並んで中国が重要な役割を果たしています。中国は戦後国際秩序の生みの親の一人なのです。

この戦後国際秩序は、戦争を起こさず、平和と発展を保つために作り出されました。これは、まだ不完全であり、多くの欠陥をかかえております。

それでも中国が戦後国際秩序と、それが実現した経済のグローバル化から最大の利益を受けてきたことは間違いありません。

グローバル経済は、ヒト、モノ、カネ、そして情報の自由な移動を前提とし、何よりも世界の平和を前提とします。戦後国際秩序は、それらを曲がりなりにも担保してきたのです。

ところが、これまで、この戦後国際秩序を中心になって支えてきた欧米諸国に疲労感が漂い、熱意も薄れているように見受けられます。

トランプ大統領は、これに全面的に反対しているように見えますが、その象徴とも言うべき国連に何度も足を運び演説していますので、本当はどうなのでしょうか。

私は、欧米諸国が、この戦後国際秩序の枠組みから離れることはないだろうと感じています。まだ誰も、この戦後国際秩序以上のものを考え出せていないからです。

しかしながら、この戦後国際秩序がきしみ始めていることは間違いのない事実です。つまり補強をし、修繕をする必要があるということであります。

日本や中国だけではなく、アジア諸国もこの戦後国際秩序に支えられて経済を成長させ、さらに発展を続けております。

このように戦後国際秩序を護持し、補強し、発展させることは、世界全体の利益であり、アジアの利益であり、日中の利益なのです。

日中は、戦後国際秩序を守り発展させるために、ともに責任を果たし、懸命に努力をしなければならない時代となったのではないでしょうか。

その場合、戦後国際社会のルールは守る必要があります。戦後国際社会は、全員に開かれた話し合いの場をつくり、そこで皆で話し合って新しい組織やルールを作ってきました。話し合いには時間がかかります。しかし、これもまたルールなのです。

本年は、日中平和友好条約締結40周年に当たります。

条約を締結した両国の当時の指導者たちは、実際に干戈を交えた世代に属します。それだからこそ、日中は二度と戦争をしてはならないという強い信念を共有しておりました。

平和、友好、協力の日中関係を、後世のために構築しなければならないという強い思いがあったのです。そのための平和友好条約なのです。

私の父、福田赳夫首相は、当時、この条約の締結により、日中の間の橋は、木の橋から鉄の橋に変わったと申しておりました。

残念ながら、その後も日中の間のもめごとは続いております。それだからこそ、本年、今一度、日中平和友好条約の原点と、それが定めた理念と原則に戻って日中関係を深く考える必要があります。

それは、日中は二度と戦ってはならず、積極的に平和を作り上げ、未来に渡る友好と協力の関係をつくらなければならないということです。

世界秩序が動揺しているから今だからこそ、日中は、ますますこの出発点をしっかりと確認しておく必要があると思います。そうすることが、まさに世界を視野に入れた、これからの日中協力関係を強化するための土台固めになるからであります。

安倍首相も近く中国を公式訪問されます。安倍首相も習近平主席も、現在の国際秩序を護持し発展させなければならないという点において、明確な共通認識をお持ちだと思います。お二人のご発言から、そのように判断して間違いないでしょう。

今回の会談において、この共通認識をどのように具体化させるかについて、大きな方向性を是非、打ち出していただきたいと思います。日中平和友好条約の掲げる理念と原則は、その際、必ずや大きな示唆と啓発を与えることでありましょう。

第14回東京北京フォーラムは、米中対立が深まり、国際経済の不透明感が強まり、国際社会が漂う中で開催されます。しかも日中首脳会談を間近に控えた中での開催となります。

日中が世界秩序というオオゴトを語り合い、協力し合うことを決意するのであれば、両国関係がギクシャクしていたのでは話になりません。二国間のモメゴトさえ解決できないのに、世界のオオゴトを解決しますと言っても世界はついてこないでしょう。

国民同士の関係をもっと近づけ、親近感を深め、信頼感を強めていく必要があります。それが日中関係の本当の基礎だからです。大所高所の議論とともに、国民同士の関係をさらに近づけるために、このフォーラムが積極的役割を果たされることを願っております。

（2018.10.14 第十四回東京 - 北京フォーラム）

4-9 「人類運命共同体」へ具体的な一歩を

今回の訪中前には、戴秉国氏がこのシンポジウムにご出席になると伺っておりました。戴秉国氏とは十数年前になりますが、いつも穏やかな表情をされていました。そのおかげで、私たちは信頼関係を築き、お互いに胸の内を打ち明けあうこともできました。

ご存知の通り、今日の参加者名簿に載せている日本側の学者たちは皆、日本の超一流学者で、世界的にもよく知られています。たとえば、今日壇上に座っている北岡伸一先生は日本国際協力機構の理事長です。田中明彦先生は以前、日本国際協力機構の理事長を務め、現在は、日本政策研究大学院大学の学長です。こちら、前列に座っている日本の学者たちは皆、極めて有名な学者で、日中関係の専門家です。日本でさえ彼らが一堂に集まるチャンスはなかなかありません。今回は、このような優れた学者たちが中国で見解を述べるわけですので、ぜひこのチャンスを議論に生かしていただくよう、期待いたします。

去年、中国社会科学院のお招きで復旦大学日本学研究センターの設立28周年の記念活動に参加させていただきました。復旦大学の日本研究はすでに二十年になるとか、しかし中国の最先端の学術成果については日本ではあまり紹介されていないようです。それにしても、中国社会科学院日本研究所は依然として学術シンポジウムという形で日本とのつながりを強化することは、現在の私たちにとってとても歓迎すべき動向だと思っております。このような長期的・安定的な交流の場は長年望まれてきました。今回のシンポジウムは双方が交流を深めようとする願いの証だと言え、皆さまはこれを契機に相互理解を深化すべきだと思います。私は先ほどの戴秉国氏のご見解にとても賛同いたしますが、彼のおっしゃった日中関係のビジョンをいかに推進・実現するかについては、これからの会議でその具体策をぜひ議論してください。

私たちはいきなり激しく変化する時代に生きていることは否定できません。戴秉国氏とは十年前によくお会いしましたが当時、中国はまだ今のように世界経済で重要な役割を果たしていませんでした。十年たって今は、アメリカと中国は世界ツートップの経済大国です。中国は世界をリードする力を持ちました。そのため、皆さまがいかにこの十年間の変化を振り返るか、学者たちはいかにこの十年間をとらえるか、そして国際情勢と国力の変化はいかに対外政策に影響を及ぼしたかについて、私はお聞きしたいものです。

激変の時代が生んだ課題に直面している私たちは、現在、そして未来の方向性に関する誤った判断を避けなければなりません。ここ十年の経験から、私はこの「誤った判断」が一番心配です。日本国内でも「世界は激しく変わっている」、「とても複雑な国際情勢に面している」と繰り返して強調してきました。昨日、中米貿易交渉のニュースが日中両国の主なメディアに相当取りあげられましたが、中米両国自身が認めるかどうかにかかわらず、この二つの国は既に世界で最も重要視される二大国になったことは間違いありません。この十年間、中国人は経済発展に全力を尽くして現在の国際的地位に上がったことを見落としてはいけません。と同時に、中国への関心は世界中でますます高まり、そこに内包された厳しい視線も浮き彫りになってきました。この状況に置かれた中国に置かれては、その一挙一動が日中関係の行き先に影響を及ぼします。こうした中、日本はどのような役割を果たすべきか、どのような役を演じるべきかについて、我々も考えなければなりません。換言すれば、これは現在、我々が直面している時代の課題です。

したがって、はるばる日本からきた学者たちが今日、自分の知識と知恵を活かし、前向きな日中関係を築くことを期待しております。皆さまの発言は、中国の行き先への期待及び日中関係の健全で安定した発展への期待を表明します。事実、日本は当面の中米間の軋轢に対する深い理解を持っています。かつて、日米両国の間にも貿易摩擦が起こり、そこから多くの教訓を獲得しました。今日の出席者の中には、当時米国と交渉した日本の官僚もいます。現在の中国の交渉官はどう米国と交渉するか、どのような心境なのか、米国との掛け合いを経験した日本の官僚たちは五十年前にそれを体験しはじめたのです。日本がどのようにアメリカと勝負し、その形勢が有利か不利かについて、彼らが一番よく分かっています。日本は対米交渉を通じて利益を得ましたが、譲歩を迫られたこともあります。結局、日本はこのような譲歩から利益を獲得し、アメリカとヨーロッパに認められました。時の流れとともに、現在日本の立ち位置はアジアひいては全世界から認められるようになりました。

かつて日米間に対立と摩擦が起こりましたが、これは日本にとって必ずしも悪いことばかりではありませんでした。勿論、悪い面のほうが多かったです。というのは、米国がプレッシャーをかけるプロセスで、日本は重圧を背負っていたからです。対米交渉に取り組んだ日本の政治家は辛く苦しい経験をした結果、プラザ合意が結ばれました。事実上、現在中国が直面している課題は、当時の日本と同様です。日本は官僚国家で株式会社国家だとか、官僚が日本産業界を一統するとか、日本は国全体を一つの会社としてアメリカと競争するとか、アメリカはこのように日本を批判していました。現在、中国と交渉しているアメリカの言論を聞くと、その頃の米国の対日論調をふと思い出しました。プラザ合意の締結後、日米間に毎年、新しい貿易摩擦交渉が行われていました。楽観視できない情勢ではありますが、これを放置したままという意味ではなく、実行可能な課題解決案を見つけなければなりません。これは世界の未来にかかわることですから、皆さま、ぜひこの大局観を持ってください。中国はもう世界二大国の一つとなったという共通認識を高めなければなりません。

日本の成功経験は、対米交渉を日本社会を変革させる契機と見なすところにあると思います。これは非常に辛い意思決定プロセスでした。なぜかというと、もし日本の政治家がうまく対応できなければ、日本社会にはかなりの混乱が広がり、農業は大打撃を受けるでしょう。そのような背景を踏まえ、私たちは引き続き日本農業のあり方を探ってきました。ここから、対米闘争は日本に与えたものは負の影響だけではないことがうかがわれます。

確かにアメリカからの要請は多いですが、中国はチャンスを掴み、自国こそ中米貿易摩擦事件の被害者と見なさず、これをきっかけに調整しながら未来への道を探り、中国経済の新たな

2019 年 5 月 12 日　中国社会科学フォーラムにて

成長の原動力を見いだすべきだと思います。この交渉が続く中、好機を逃さず、「危機」を「チャンス」に転じることを願っております。適当な対応策を立てなければ、この事件は世界に大きく影響しかねません。中国のような国すら期待に応える対応策を出せないとしたら、他の国の場合はどうしようもなく行き詰るでしょう。大国としての中国は諸国と協力してチャレンジに向き合い、戴秉国氏のおっしゃった「人類運命共同体」を構築するために具体的な第一歩を踏み出すべきだと思います。

私は、「人類運命共同体」の理念に全く賛同し、しかもこれが正に中国の行き先だと考えております。この道は、中国ひいては全世界の人々に福祉をもたらす道だと確信しております。皆さま、現在自分がこのような試練の道に立っていることを片時も忘れないでください。

国際情勢が激しく変化する中、前向きな姿勢で新局面に向かうべきだと考えております。日本の歩んできた道をしっかり分析し、日本の経験を汲み取り、客観的にそれを評価してくれればと思います。勿論、その中には完璧ではないところ、或いは失敗したところもあります。全般的に見て、日本は比較的よくできたかな、と私は思いますので、日本の経験もぜひ参照して、どんどん研究してください。

（2019.5.12 中国社会科学フォーラム「国際情勢変動下の中日関係：実務協力と未来展望」）

4-10 人類共通の夢へ

中国は本年、建国70周年の記念すべき年であります。この70年間、中国の皆様方は、並々ならぬ努力を重ね、今日のたぐいまれなる発展を実現させました。その発展の速さ、規模の大きさは、人類史上空前のものであります。中国の皆様が形成されたこの偉業に対し、心から敬意と祝意を表します。

本年、日本は令和の時代を迎えました。平和で穏やかな、明日への希望に満ちた日々を願う、日本国民の心に合うものだと思います。今週は天皇即位の儀式も執り行われ、中国を代表して王岐山副主席閣下にご出席していただきました。式典に花を添えてくださったのでありま す。日本国民の一人として、ありがたく感謝申し上げます。

日本は、自分たちの伝統や文化を大事にしながら、他国のものを積極的に取り入れ、その中には、漢字をはじめとする、古代からの多くの中国の文化もあります。それらを自分のものにしながら、発展してまいりました。近世においても、明治維新から１５０年がたつ間に、新しい西洋文明を取り入れながら、成熟社会への道を歩み、今ではそれらのものを自分のものにしたという自信を持っています。

今の中国は、現在の成果に自信を持ち、さらに強い確信をもって未来に立ち向かう気持ちを強めていることでしょう。21世紀になってからの中国の経済発展は目覚ましく、それに伴い、国民の意識も変化し、発展に欠かせない国際社会との協調・協力関係も変化を迫られていま す。これからの中国は、これまでの発展の成果を喜びながら、一方では、発展の結果から生じる新たな課題や問題にチャレンジしていかなければならない段階になりました。それは、これまでと次元を異にする、むしろ難度の高いチャレンジとなるかもしれません。日本同様に大きなチャレンジ、例えば人口減少、高齢化、そして自然災害の多発など、多くの課題に直面しておりまして、その全てに立ち向かわなければならないのであります。日中はともに、これまで以上に難しい局面に直面している、という認識を持つ方が正しいと思います。

今、世界はおそらく、１００年に一度といっても過言ではないほど、国際的、世界的な、大きな変化を目撃し始めました。まさに、そのようなときに、日中両国は国内の難しい局面に対応していかなければならない宿命にある。そういう意味では、日中両国ともに、将来の展望を見つけ出す作業に取り組まなければならない、そういう時期に至っています。

そういう中で、東京－北京フォーラムは15回目を迎えました。これまでの日中関係では、大きな逆風、波風が何度も立ったことがありましたが、東京－北京フォーラムは1回も中断することなく続いてまいりました。日中関係を前に進めなければならないという信念がなければ、そのようなことはできませんでした。ゆるぎない信念をもって、東京－北京フォーラムの開催、運営に尽力してこられた日中双方の関係者の皆様に対し、心から敬意と謝意を表したいと思います。

昨年の東京－北京フォーラムにおいて、私は「世界は再び大きく変わろうとしており、世界の政治、経済、安全保障の仕組みという大きな立てつけがきしみ始めている」と申し上げました。それは、戦後74年、世界の平和と発展を支えてきた国際的な仕組み、つまり国際秩序が動揺し始めたということであります。その象徴的な表れがトランプ政権の出現ということです。トランプ大統領の自国第一主義、単独主義などといったものは、アメリカの対外政策の中に昔からビルトインされており、別に驚くことではありません。しかし、トランプ大統領が登場したこと自身は、アメリカ社会の変化を感じさせるほどの大きな出来事でした。その出来事から透けて見えることは、アメリカ社会が、世界の指導者であり続けることに疲れを感じ始めたのではないか、ということです。この1世紀以上の長い期間、世界に関与し、世界を引っ張ってきたアメリカの役割から、そろそろ手を引きたい、と考えているのではないでしょうか。そして、世界に関与するのは、自分の利益のあるときだけで結構だ、というのがアメリカ社会の空気なのです。それと似たようなことは、アメリカに限らずヨーロッパ社会にもあるようです。

国際社会で指導的地位につくということは、当然、いろいろな面において影響力を持ち、発揮することです。しかし、同時に、責任と負担、という二つの大きな課題を背負い込むことになるのです。30年前にソ連が崩壊した後、アメリカは名実ともに唯一の超大国となりました。アメリカ経済が競争力と、アメリカの力に支えられた基軸通貨国という特権を行使し、可能となったということではありますが、アメリカは自国市場を開放し、輸入を拡大し、世界経済の拡大・発展に貢献してまいりました。アメリカが考えた、平和と安定の維持のために莫大な軍事費を投入し、そして、国連分担金は既に最大の拠出国ということです。

ところが、そのようにアメリカが多額の負担をしながら作り上げた今の国際秩序を最大限に利用して、そのアメリカを追い越そうとするような勝手な国が出た、ということは、アメリカの想定外の出来事だったと思います。１９９０年頃の日本は、まさに勝手な国と見られていました。勝手な国の自由なふるまい、とアメリカは見ていたのですが、そういう国々を目の前にして、アメリカが支えてきた戦後国際秩序、その理念や価値観などもうどうでもいい、と思うアメリカ人が増えた、ということではないでしょうか。そういうことがあっても不思議ではありません。しかし、日本や中国だけでなく、アジアや世界全体が、この戦後国際秩序に支えられて経済を成長させ、さらに発展を続けることができたのは、否定することのできない事実です。そういうことが、アメリカの「世界の指導者疲れ」の背景にある、大きな理由の一つではないでしょうか。ヨーロッパの主要国にも同じことがございます。指導者疲れ、指導国疲れ、といったものではないでしょうか。

戦後の国際秩序がこのように行き詰まりを見せ始めているとき、残念ながら、これまでの秩序を超えるような、より優れた構想をまだ人類は見つけ出してはいないのが現状です。そうなると、現時点で考えるべきことは、今ある国際秩序を補強し、維持し、さらには多国間の枠組みを構築して、自由経済を発展させることは、世界全体の利益、そしてアジアの利益であり、日中の利益である、ということです。ＷＴＯの改善、改革などはその一つです。世界第二、第三の経済大国である日中両国が、そのために工夫し、協力することは、自然の流れと言えます。時代の強い要請でもあります。

日中両国は、この厳粛な現実を正確に意識し、今後の日中関係のあり方を考えるべきではないでしょうか。その場合、私は、次の二つの基本姿勢を堅持し続けるべきだと考えます。その一つは、我々は目先の自国の利益だけでなく、国際公共財、国際社会全体にとり、必要不可欠な政策を国際社会とともに構築する、という基本姿勢です。この基本姿勢は、自国の長期的な、広い視野に立った利益に、間違いなく合致します。しかし、これは短期的な利益とは矛盾することもあります。つまり、短期的には国民に負担をかけることもありうるわけです。しかし、それでも、長期的利益のためにはやらなければならない、という覚悟が要るのです。自由貿易という原則を守るためには、国内の市場開放に踏み切ることも、典型的な例です。

二つ目に、国際社会には理念と原則が必要です。また、それを担保するルールが必要です。ルールの実行を確保するメカニズムも必要です。これらを失えば、戦前の強いもの勝ちの、ジャングルのおきてに戻ってしまうからです。現在、国際社会は、まだ不完全ですが、その目標の実現に向けた道のりを歩んでいます。未完の道ではありますが、確実に成果を出してきたと考えています。現行国際秩序の不備を補い、より完全なものとすることに、国際社会はさらに努力を傾けるべきではないでしょうか。

私は、習近平主席が提唱された「人類運命共同体」という理念を高く評価し、支持してきました。現行国際秩序をより良いものとする人類運命共同の努力の中で、方向性を与え、大きな示唆を与えるものであると考えているからです。人は、一人で一生を送るわけにはいきません。国も同じです。自分の国だけが良ければよい、ということなどありえないし、そういうことはできません。他の国々と協力し合い、全ての国に高い利益をもたらすことで、自分の国の明るい未来もあるのです。あらゆる人類に幸福をもたらすこと、それが人類の共通の願いであり、夢でもあるのです。人類運命共同体という言葉は、それを目指した提案です。国際社会の全ての構成員が参加し、真剣に話し合い、この構想実現が人類の夢になることを願ってやみません。

こういう大きな観点からの問題を、日常的に日中の間で話し合わなければいけない時代になっているのではないでしょうか。その中で、東アジアの平和と発展をどのようにして、より確実なものにするか、というテーマは、依然として重要です。日中双方が直面する難しい課題やテーマで、お互いに協力しながら、いかにして解決していくかも、同じように重要なテーマであり続けるのです。

しかし、そのような話し合いをより実りあるものとするためには、両国関係が良好であること、首脳同士の信頼関係、政府同士の信頼関係が重要なことは、言うまでもありません。しかし、より大事なことは、両国の国民同士の関係が近くなり、信頼関係が深まることです。この点については、徐麟主任からもお話がありました。そういう意味では、日々の生活に根差した文化の交流ほど、人々を近づけるものはありません。相手を理解すれば経緯も生まれます。国民同士の信頼関係を強化するためには、広い意味での文化交流の拡大と強化が不可欠だと思います。より多くの人たち、とりわけ若い人たちに、相手国への関心を持ってもらい、文化交流の大きな輪に参加し、溶け込んでもらう。こういうことであります。これまで文化交流を続けていただいている皆様方には、さらに活躍していただき、新しく交流を始めようという人たちには、支援の手を差し伸べ、日中の文化交流がさらに拡大し、深化するような新たな努力が求められています。

私は、この分野においては、日中のより良い交流が幅広く、円滑に進展するよう、その具体的な仕組みを考えているところです。その際、両国国民のより深い理解を進めるためには、いわゆる文化、芸術にとどまらず、スポーツ、教育、科学、健康、医療、厚生など、幅広い分野を包括する仕組みができればいいな、と考えています。

日中関係は、両国首脳の相互訪問が完全に正常化しました。これからも、日中韓三国首脳会議出席の際、安倍首相の年内訪中が予定され、来年の春には習近平主席の国賓としての日本訪問も実現します。いかにして、両国関係をより確実な軌道に乗せ、両国関係を発展させるか、について、両国は知恵を絞る必要があります。世界が不安定の度合いを深めているだけに、日中の協力関係の強化が求められています。世界全体を視野に入れて、協力関係を構築していただきたいと思います。そして何より、これまで日中両国政府が合意してきた数多くの案件を、一つでも多く実行に移してほしいと思います。そうすることで、両国の信頼関係は確実に向上します。

東京－北京フォーラムは、論壇の場から問題解決の場に変わってきていると思います。米中対立が深まり、国際経済の不透明感が強まり、国際社会が漂う中で開催される第15回東京－北京フォーラムが、これからの日中関係に積極的、建設的に提案を行い、両国関係を前進させ、それを通して世界に貢献する起爆剤となることを願ってやみません。

（2019.10.26 第十五回北京－東京フォーラム）

4-11　日中・米国そして世界

中国公共外交協会とニザーミ・ガンジャビ国際センターの共催によるグローバル・ガバナンスをテーマとしたフォーラムが開催されますことを祝賀します。

今日、米中関係の緊張が21世紀前半の国際社会にとって最大の不安定要因となりました。これからの国際社会、とりわけアジア地域の平和と繁栄にとって、米中間の戦略的な安定関係を築くことが死活的に重要であると云われています。

過去、1世紀近くに亘り、世界をリードしてきた米国は、自由と民主主義、人権と人道の重要性を唱え、国際社会の安定を目指してきました。それを覇権国の責任とし、世界の通貨、貿易、核軍縮などの分野で、世界の安定と平和の実現を目指してきました。

それが近年、米国における大統領選挙という国内事情によるものであると思われますが、国際連合、環境、自由貿易、国内の民主的運営などでは、従来の逆方向に向かっているのではないか、という疑念さえ抱かせるような事態となりました。その結果、米国的価値の象徴であるソフトパワーが近年著しく弱まり、国際社会における米国の影響力を弱めています。

中国は今や、米国に次ぐ大国にまで成長しましたが、中国外交は周恩来総理の提唱した民間外交、人民外交を基本理念とし、その後、幾多の先輩の知慧の集積により、公共外交を発展させた歴史があります。それが第19回党大会における習主席の「いかなる国にとっても脅威とならず、永久に覇を唱えず」という人類運命共同体の構築の呼びかけに結実したものと思います。

我々は今ここで事態を冷静に見つめ、世界の秩序を考え直す時機にあると思います。グローバル・ガバナンスや国際公共政策のあるべき姿を議論し、将来を展望する具体的な考えを披瀝する場となる本フォーラムの意義は極めて大きいもの考え、その成果を期待したいと思います。

今、国際社会は動揺しています。一日も早く世界の安定した秩序を取り戻し、人類の発展に向けて知恵を出し合おうではありませんか。

（2020.9.28 中国公共外交協会とニザーミ・ガンジャビ国際センターの共催フォーラム「ポストコロナとグローバル・ガバナンス」）

4-12

人類運命共同体の中核となろう

記念フォーラムの開催にあたり、ご祝賀申し上げます。

日本では、オリンピックが無事終了しました。日本も頑張りましたが、中国選手の活躍は凄まじく、赫赫（カクカク）とした成果を挙げられたことに祝意を表します。

そして、今週からはパラリンピックが開催されています。さらに、来年3月には北京で冬期オリンピックが開催されます。東京、北京と続けてオリンピックが開催されることは、アジア地域の経済・社会の発展とダイナミズムを世界に示すものでもあり、喜ばしく思います。

他方、昨年初めから始まったコロナ・ウィルスの世界的な蔓延は、国際社会にとって大きなチャレンジであり続けています。東京オリンピックにおいては、世界中のアスリートが集まるスポーツの祭典とコロナ禍への対処をどう両立させるかが、大きな課題となりました。

他の国々と比べ、日本においてはコロナ患者の死亡率は相対的に低いです。しかし、国民の間でのコロナワクチンの接種完了率がまだ4割と必ずしも高くないこと、また、オリンピック開催とコロナの流行の第五波が重なったこと等もあり、オリンピックを予定と言うだけで開催してよかったのか、無観客で開催する意味があったのか、等が大きな議論となりました。このような形で行われたオリンピックとパラリンピックが、コロナに負けたくないという思いだけで開催したのなら、どのような評価が得られるか、後世の評価に任せたいと思います。

北京冬期オリンピックにおいて、中国は上手に対処されることと確信しております。併せて、このようなグローバルなパンデミックに対し、日本と中国を始め、国際社会が情報を共有し協力し、協同して対処することの重要性を、改めて痛感しております。

グローバルな脅威として他に上げられるのは、地球温暖化、さらにはこれに伴う世界的な異常気象の問題です。先日、中国の河南省では大規模な洪水が発生し、多くの方が被害にあわれたと伺っています。心からお見舞い申し上げます。

日本は自然災害が多い国で、昔から怖いことをたとえる諺として、「地震、雷、火事、親父」という表現があります。地震については、約十年前に起こった東日本大震災が、今でも皆さんの記憶に新しいのではないかと思います。地震だけではなく、日本では最近異常気象による集中豪雨、それに伴う洪水や地滑り等が頻繁に起こるようになっており、この夏も観測史上初めてという大雨による被害が国内の各地で発生しています。

河南省の災害は、我々日本人にとっても人ごとではありません。特に日本は狭い国土に多くの人々が住んでおり、東京のような大都会では網の目のように地下鉄や地下道、地下施設が張り巡らされているため、集中豪雨により大きな被害が出る可能性が高いのです。

この８月に、国連の気候変動に関する政府間パネル（ＩＰＣＣ）が地球温暖化問題に関する新たな評価報告書を発表しました（ＡＲＣ）。この報告書では、「人間の影響が大気、海洋及び陸域を温暖化させていることは疑う余地がない」と断定するとともに、地球にとって安全な気温上昇の限度とされる1.5度の温度上昇が、予想された２０５０年から十年早まり２０４０年になるその原因が、人間の活動によるものである、と断定しました。

世界にとって地球温暖化はまさに喫緊の課題となりました。日中はもとより、国際社会が協力し、一致団結して対処する、「待ったなし」の事態です。

20世紀の国際社会においては、経済貿易、軍事安全保障、文化人的交流といったアジェンダが国際関係における議論の中心でした。これらは現在においても引き続き重要ですが、21世紀に入ってからは、世界的パンデミック、地球環境問題、国際テロリズムといった従来のカテゴリーでは分類できない新たな問題が主要なイシューとなっています。

これらはいずれも国境を跨ぐグローバルな脅威であり、個々の国がばらばらに対処しても、解決できません。正に人類運命共同体を意識せざるを得ません。そのために、国際社会の協力が不可欠であり、中国と日本の協力が、その中核となることを期待します。

（2021.8.28 中国社会科学フォーラム並びに日本研究所設立40周年記念シンポジウム）

終章
福田康夫の平和実践

編者

2008年8月8日、胡錦涛国家主席は訪日の成果として日中共同声明を発表した。福田康夫総理との間に合意したのが「〈戦略的互恵関係〉の包括的推進に関する声明」でした。いわゆる日中間の画期となる四つの政治文書のうちの最後の成果になる。その前の三つの政治文書とは、1972年【日中共同声明（国交回復文書）】日本側：田中角栄首相、中国側：周恩来首相▽1978年【日中平和友好条約】日本側：園田直外務大臣、中国側：黄華外務大臣▽1998年【日中共同宣言（平和と発展のための友好協力パートナーシップの構築に関する日中共同宣言）】日本側：小渕恵三首相、中国側：江沢民国家主席——である。

以上四つの政治文書はいずれも外務省のサイトに掲載されているが、1972年・1978年・1998年に合意した文書が段階的目標と方向性を目指していることを指摘されるのに対して、福田康夫・胡錦涛が関係した2008年声明はとりわけ全方位の互恵関係の展開という、新時代の軌道を示したものといえる。だが、日中関係が紆余曲折の連続で、着実な前進性の歩みとは道遠い国際関係の中で、福田康夫が始終全方位の互恵精神を貫ぬき、強靭な努力を日々堅持しておられる。

『福田康夫文集』の字数が限られているため、編者がここ数年、参加した活動の一部について記述して伝えさせていただく。

OBサミットとその研究成果である『世界はなぜ争うのか』（朝倉書房2016年）の中国語版の発行。アジア文明交流互鑑国際シンポジウムへの貢献など。2018年5月24日、福田康夫の南京死難同胞記念館訪問。人類運命共同体の実践を主旨とする平和フォーラム設立。福田康夫が周恩来総理の詩碑「雨後嵐山」の建立を支持したなどについて、簡単に記すことにする。

一、OBサミットと『世界はなぜ争うのか』の中国語版の発行

終戦から40年を迎えた1980年代、戦争を起こした日独両国の福田赳夫首相（当時）とヘルムート・シュミット首相（当時）が、各国の元要人による国際行動評議会（Interaction

Council　以下、ＯＢサミット）を創設した。創設以来、毎年定期的に会議が開かれ、地政学、経済・金融、環境・開発など、世界的に共通する諸課題について、各国の元要人たちが議論し、解決方案を提出する。

１９８７年には、ローマで政治指導者と宗教指導者の最初の対話が開催された。出席者は、包容的で多元的な「公共倫理」を構築し、人類文明と平和的発展の新秩序を立て直すことを目ざした。以来、このテーマは30年間のモットーと目標となっていた。

２０１４年3月26～27日、オーストリアのウィーンでＯＢサミットが開催され、93歳のヘルムート・シュミット元首相が出席しスピーチを行い、福田康夫がサミットを主宰した。会議では、これまでのサミットでの決議・宣言内容をまとめて、論文集を出すよう、決議した。これによって、人類の新しい時代における共通価値を統て紛争減少の平和持続を願った。これは人類共通の運命を模索する思想活動であり、人類共通の価値を融合しようとする実践でもあると思える。当初、本文集は八カ国・地域の言語に翻訳され、英語圏、インド、ロシア、日本、インドネシアなどで刊行されていた。

しかし、福田康夫が最も期待を寄せているのは、この論文集の内容が、中国の発展および世界との融合のために少しでも参考を提供したいことである。そして、中国は人類共通の価値を

2017年11月15日15：30～17時毛家湾1号中央政策研究室前主任、国際儒学聯合会会長滕文生氏を訪ねた福田康夫。右から李煥梅、王殿卿。左から牛喜平、王敏

融合する時代的使命を担う能力と責任があると強調した。

２０１６年の新年早々、福田康夫は英・日両言語の論文原稿を編者に手渡し、翻訳と中国での出版交渉を一任した。２０１６年3月4日、編者は北京にある国際儒学聯合会を訪れ、王敏研究室が翻訳した19万字の原稿を提出し、出版の背景、主旨、構成と内容を紹介した。その後、国際儒学聯合会の推薦を受け、同会の滕文生会長（当時）の支援のもと、王殿卿顧問、牛喜平秘書長、高占武副秘書長、張践理事、任宝菊委員らの精査読を経て、人民出版社の協力にあずかり、２０１７年末に発行することになった。

２０１４年のウィーンOB首脳サミットの開催期間は、習近平国家主席が欧州諸国を訪問し、国連教

育科学文化機関（ＵＮＥＳＣＯ）本部で演説を行った時期とほぼ重なった。ＯＢ首脳サミットの主張は、習主席が表明した世界の平和と発展に向けた新しい秩序と人類運命共同体を構築する立場、およびそのために打ち出した「多彩、平等、包容、発展」の世界文明の新しい秩序と互いを引き立てる大同効果を生み出した。

中国語版になった論集の書名が『十国前政要論「全球共公論理」』となる。福田康夫元首相、ドイツのヘルムート・シュミット元首相、オーストラリアのマルコム・フレーザー元首相、オーストリアのハインツ・フィッシャー元大統領、フランスのジスカール・デスタン元大統領、カナダのジャン・クレティエン元首相、ヨルダンのアブデル・サラム・マジャリ元首相、ナイジェリアのオルセグン・オバサンジョ元大統領、オランダのドリス・ヴァン・アクト元首相、キプロスのジョージ・バシリウ元大統領十名のほかには世界的に知られている宗教学者や政府関係者と北京大学高等人文研究院の杜維明院長の論文も収録されている。

二、アジア文明交流互鑑国際シンポジウム

論文集の論点は十点にしぼられている。

1　21世紀に起こった局地戦争により、世界秩序は破壊され、さらに悪化し続けている。こ

れは人類の文明の進歩という大きな流れに逆らっている。

2　グローバル化の進展に伴い、「国際政治」「国際経済」であれ、「国際秩序」であれ、各分野は「グローバルな普遍的倫理」に注目しそれを重視する必要が強まる。世界と人類の普遍的倫理への期求は普遍的な願いとなっている。

3　世界は統一意識あるいは統一宗教を必要としていないが、人種、国家、文化の違いを考えると、共通可能の倫理価値、規範、態度をコミュニケーションの懸け橋とする必要が依然である。

4　世界の主な宗教は、歴史の中で程度の差こそあれ繰り返し検証・確認された上、共通点を持っていると思えるその積極的な役割をさらに果たさせなければならない。宗教は紛争とテロの根源ではなく、人類の統合力や忍耐力、道徳力などの中核をなす力でもある。グローバル化する普遍的倫理は、現在の世界に存在するさまざまな文化・宗教の「経典」に取って代わるのではなく、小異を残して大同につき、食い違いを解消するために、普遍的価値規範の制限を受け、最も基本となる道徳のボトムラインを共に守るものである。

5　人類の成功は、「生存競争」「優勝劣敗」の原理によって決まるものではなく、その秘訣が人類の相互理解、助け合い能力にある。

6　価値というのは、人類を成功に導くための理想と基準である。もちろん、このような価値を政治と社会に取り入れるのはなんと重要で困難なことでもある。なぜならば、私たちは毎日ニュースで政治、経済、社会の倫理の崩壊によって起こった危機とスキャンダルを知っている。また、そもそも率先的な役割を果たし、価値と倫理のコアとなるはずの宗教自体は、既得権益とスキャンダルにとらわれ、内部の紛争と不和によって混乱を起こしてしまったからである。

7　「宗教間の平和がなければ、国家間の平和がない」。従って、異なる民族や文化、宗教の人々は、互いの違いを強調するのではなく、共通点に注目すべきである。よって、文化間の対話、宗教間の対話が必要になり、学びと思考もさらに必要になる。異なる文化と宗教は、共通の価値と倫理を持っている。

8　私たちは天国独占、宗教独占など全ての独占行為と闘わなければならない。私たちは自身の信仰を、他の信仰を超える信仰ではなく、多くの信仰の一つと捉えなければならない。私たちがいる国は、他の国を超える国ではなく、多くの国の一つである。

9　大国は倫理に基づき意思決定を行わず、政治的利益のみをもくろむならば、最終的には現在の世界のさまざまな争いは収束に向かうことができない。平和と安全が世界各地で脅威にさらされたとき、人類は兵器とテロリズムへの依存までに変遷するおそれがある。

10　人類は友好的共存という前提の下で、価値と倫理の原則をつくった。これは世界中のあらゆる文化に存在している。数千年にわたり、主要な宗教と人道主義の伝統は、人と人の間の基本的な倫理規範の形成を促し、人道主義と相互主義の誕生を後押しした。その中、「己の欲せざる所は人に施すことなかれ」は普遍的意義を持つ「黄金律」である。

さて、前出の「黄金律」は論語から由来し、中華民族が人類の文明にささげた「公共財」であり、習近平主席が提唱した「平和と発展の世界の新しい秩序」と「人類運命共同体」の共同構築、「中国の優れた伝統文化が世界各国の優れた文化と共に人類に福祉をもたらすようにする」ことの基点につながる。

一方、これまでに中国大陸部でこのような内容の書籍が出版されたことは少なかった。今回の出版が中国の自己認識と視野を示し、また世界が中国の立場を見直す一端につながるだろう。勿論、本書を全面的に支持し、出版に取り組んできた国際儒学聯合会の観点を反映されている。つまり、「人類運命共同体」を語る場合は「人類共通の倫理」が必要で、「人類共通の倫理」を構築する場合は孔子と儒学なしには語れない。

75人のノーベル賞受賞者が１９８８年1月18~21日、パリにあるフランス大統領官邸のエリゼ宮に集まった場面をここでもう一度振り返ろう。「21世紀の脅威と問題に直面して」という話題を議論した際、1970年のノーベル賞物理学賞受賞者のハンス・アルヴェーン教授は次のように述べた。「21世紀に直面し、人類が存続していくには、2500年前に戻り、孔子の知恵を汲み取るべきだ」(「儒家思想の伝統的意義と現代的使命」(孫震・台湾大学経済学部名誉教授)から引用、『孔孟月刊』2016年2月28日出版、16～17ページ)

前述の内容が十分に認められたことを前提に、国際儒学聯合会は正式出版の前の2016年7月にアジア文明交流互鑑国際学術シンポジウムを開催した。同会の招請に応じて、福田康夫が文章で、OBサミット論文集の中核内容中国語版について紹介し、発展した中国のために貢献したいと願った。また、シンポジウムの主旨に支持する態度を示し、アジア文明における学び合いと平和・繁栄の意義を強調し、人類運命共同体という理念に基づくアジア運命共同体の構築をしていく表明をした。

三、侵華日軍南京大虐殺遇難同胞記念館訪問

2018年5月24日、中国社会科学院、中華日本学会、復旦大学の共催で、中日平和友好条約締結40周年を記念する国際シンポジウム「新型の中日関係と人類運命共同体の構築」が上海

2018年6月24日 南京死難同胞記念館にて

の錦江ホテルで開催された。錦江ホテルを開催地にしたのは、40年前に福田康夫氏の父、福田赳夫首相が参加した条約締結の式典もここで行われた。この度の式典の成功を願い、中国社会科学院の王維光副院長が开催前の3月に東京を訪れ、福田康夫に招待の意を示した。

5月24日午前、福田康夫が「未来のアジア」をテーマに基調講演を行った後、ご同行の元駐中国日本大使・谷野作太郎、兵庫県立大学理事長・五百旗頭真、成蹊大学教授・井上正也、経団連国際会議プロジェクト事務局局長・油木清明と法政大学教授・王敏の五人を率いて、中国社会科学院日本研究所の高洪副所長に伴われて、南京死難同胞記念館（侵華日軍南京大虐殺遭難同胞記念館）を訪れた。

福田康夫と被害者の夏淑琴さん

記念館のために揮毫している福田康夫

花輪を捧げ、犠牲者を悼む福田康夫

当時、82歳になった福田康夫は、2時間の参観中、足を止めず、水も飲まず、張建軍館長の話に熱心に耳を傾けた。また「人類の大惨事―侵華日軍南京大虐殺の史実」「再生と繁衍―南京大虐殺生存者家族像」の展示会場で生存者の夏淑琴女史と握手し、「史実を尊重する」「歴史から学ぶ」という態度を厳粛に表明した。この度は日本の政治を長くリードしてきた与党である自由民主党の党首が南京死難同胞記念館への初訪問で、同党に属する首相経験者が殺害現場に立ち会い、明確な姿勢を示したのも初めてである。

訪問の最後に福田康夫一行は、犠牲者に花輪を贈呈し、記念館のために「東アジアの平和」という紀念題辞を揮毫した。

その後、福田康夫は南京訪問について、天津社会科学院の靳方華院長と深い議論を行い、同院発行の『東北アジア学刊』２０１９年第4号に「『人類運命共同体』の構築とアジアにおける協力と発展」という論述を発表した。

四、平和実践フォーラムの設立

南京訪問の成果を継承し、発展させるために、編者は、福田康夫のご支援のもと、「平和の実践フォーラム」を設立した。

同フォーラムは、日中平和友好条約締結40周年を記念し、1972年の日中共同宣言以降の平和理念と実践を掲げ、平和を実践する知恵と経験を検討し、人類運命共同体の価値を検証することを目的にした。

フォーラムが最初に選んだ論点は、歴史から伝わってきた「和」の文化が日本での実践である。1972年、田中角栄首相が日中共同宣言に調印してから、1978年には福田赳夫首相が日本を代表して「日中平和友好条約」を締結した。そして1982年、福田赳夫首相はドイツのヘルムート・シュミット首相とともに、元政治要人による国際組織・国際行動理事会（通称「OBサミット」）を設立し、平和と協力を提唱した。30年以上にわたるたゆまぬ努力の結果、同組織の平和実践の成果である『世界はなぜ争うのか』という本が8カ国語で出版され、東アジアの平和と協力の新時代の発展、人類運命共同体の構築に貴重な経験と教訓を提供した。そのため、フォーラムの研究活動は、これに関連する課題に重点を置くことにした。

当フォーラムでは、平和の実践は個人の自覚であり、国家の義務であるべきだと提唱する。これまでにフォーラムを三回催した。

第1回平和実践フォーラム

前述の南京から帰国後の6月16日、インターアクション・カウンシル（OBサミット）事務局、国際儒学聯合会、南京師範大学、粤港澳（広東省・香港・澳門）大湾区青年総会および香港孔教学院の後援の元、法政大学ボアソナード・タワーにおいて開かれ、『世界はなぜ争うのか』の論点をめぐり、分析・考察報告を発表した。

福田は「日中両国は協力しなければならない。協力があって初めて地域に安定、平和、繁栄をもたらすことができる。日中協力はすでに両国間のみのことではなく、アジアを含む世界にも積極的な影響をもたらすだろう。したがって日中両国は対立すべきではないし、対立することができない」と指摘した。

第2回平和実践フォーラム

2018年7月17日、国際儒学聯合会代表団の来日を機に、第2回平和実践フォーラム「東アジアの平和を語る」が開催された。国際儒学聯合会秘書長牛喜平、中国哲学史学会副会長・北京大学教授張学智、復旦大学上海儒学院副院長呉震、中国社会科学院東方文化研究センター秘書長劉洪軍、北京外国語大学北京日本学研究センター長郭連友等が参加した。

この会で、福田康夫は、国際儒学聯合会に２０１９年の世界儒学大全の参加を招かれた。それに対して福田が「儒学は日本社会の根本を構築し、同時に日本人の心のふるさとでもある。今年は日中平和友好条約締結40周年で、日中関係も良好期にある。しかし、このような正常な関係を維持するために幸いなのは、両国の文化の共通性が、両国の相互理解の助けとなっている。これは非常に価値のあることだ」と述べた。

また、福田は、習近平国家主席が提唱した「人類運命共同体」に対して、「国は単独で戦うことはできず、共通の発展を追求することによってのみ、人類社会の平和的発展を確保することができる」と強調した。

第3回平和実践フォーラム

２０１９年10月21日、「人文交流を強化し、共に日中関係新時代を迎える」と題した第３回フォーラムの開催がされた。福田康夫と中国第13期全国政治協商会議の高洪委員と、それぞれ報告を行い、中国社会科学院日本研究所政治研究部の若手研究員がコメントをした。

福田は、中国の王岐山国家副主席が習近平国家主席の特使として、10月22日に行われた徳仁天皇の即位式典に出席することは、日中関係が穏やかに発展する新時代に入っていることを反映しているとした。また福田は現在、世界ではいくつかの複雑な新変化が起こった状況下では、日中協力の強化はアジアの安定を維持するためだけでなく、世界の安定を促進する力にもなり得ると述べた。福田の「日中関係は非常に重要な二国間関係であり、双方がともに努力し、日中関係の更なる発展を引き続き促進する必要がある」に対して、高洪氏は、「中日関係は現在、新たな歴史的出発点に立ち、双方は両国関係をより高いステージに引き上げるよう努力しなければならない」と指し、3点を提案した。第一に、中日両国は戦略的相互信頼をさらに深めさせること。第二に、中日両国は競争相手ではなくパートナーである互恵協力関係の発展を促進すべきである。第三は、国は単なる物質的な利益の追求にとどまらず、精神的な面でも歩み寄ること。とりわけ「中国と日本は2000年余りの友好関係を経験し、深い歴史的、文化的ルーツを持っているため、両国間に多少の違いはあっても、伝統文化に基づいたコンセンサスがより多く存在するはず」と示した。したがって、中日間の人文交流の形式を革新し、内容をより豊かなものにすることが重要だと提案した。

平和実践叢書の刊行

2017年に人民出版社より刊行されたOBサミットの成果・中国語版『十国前政要論「全

球公共倫理』』が国際儒学聯合会の推薦を受けて、「文明互鑑」面で参考資料としても注目されていた前段階の成果を引きつぎ、2019年4月5日、平和実践フォーラムの成果を踏まえ、三和書籍により『自分がされたくないことは人にもしない　黄金律の平和実践』という論集を刊行した。そして2019年5月15日、習近平国家主席が北京でアジア文明対話大会を主催し、福田康夫が特別な招待を受けて出席した。いずれも福田の献身的和平貢献が認められたと見受けられる。

五、日本アジア共同体文化協力機構と「新日中文明」の探求

戦後の日中関係については、1972年9月29日に発表された日中共同声明、78年8月12日に署名された日中平和友好条約、98年11月26日の平和と発展のための友好協力パートナーシップの構築に関する日中共同宣言、2008年5月7日の「戦略的互恵関係」の包括的推進に関する日中共同声明――このように平和と友好を促進する四つの政治文書が両国政府間で取り交わされてきた。これら声明などをつぶさに読むと、紛れもなく平和を軸にした日中文明の新次元・全方位の前進と理解される。

今や、世界情勢も社会、科学なども全てが日進月歩である。日中を含むアジアの変化・発展

は特に目まぐるしい。旧態依然の中国観では対応が難しく、中国を取り巻く世界、国々は対応の変革が喫緊の課題になっている。未曽有の変動期に応えられる指南が求められるだけに、日中にとっては四つの政治文書がにわかに注視されるゆえんである。

だが、この四つの政治文書も、わずかの年月でその成果が薄れてきたのではないか。これを打開するのが、新たな角度からの日中関係の創生だろう。よって、福田康夫が日本アジア共同体文化協力機構を２０１９年の秋に立ち上げ、新日中文明の探索を始めた。ところが、12月に新型コロナウイルスの感染が拡大した。交流が制限される中でも、福田は中国の各界要人と難局打開のパイプを増やした。電話会議、オンライン会議、書面による意見交換など、必要な時には週４回ぐらいの頻度で続けた。

折しも北京では２０２０年10月、共産党の第19期中央委員会第5回全体会議が開かれ、２０３５年までに「文化強国」となるためのタイムスケジュールを発表した。実は、２０１１年10月に開かれた第17期中央委員会第６回全体会議において、すでに「文化強国の構築」が目標の一つとして打ち出されていた。これを身近な任務として明確にしたのが、９年たった２０２０年であり、完成期限は15年後の２０３５年に決まった。

中国の「文化強国」の実現に向け、日中の文化面における双方向的な協力が望まれよう。新

東京会場　　　　　　　　　　　　　　　　　　　北京会場

2020年12月4日にテレビ会議形式により
東京・北京で開かれた新日中文明フォーラム（両会場）

しい日中関係における文化面の進展は、まだ模索の段階とも言えよう。しかし、日本アジア共同体文化協力機構が国際儒学聯合会と共催した「新日中文明フォーラム」が２０２０年12月4日、北京（北京大学英傑交流センター）と東京（帝国ホテル）の両会場をオンラインで結び開催された。

共催の在り方については、両国関係者の協議によって、日中文化の相互理解の深化および両国関係の平和発展の促進という共通の基本的な枠組みを確認した。会議の名称も、それぞれで決めることにした。従って、中国側の会議名称は「中日和合文明フォーラム」とし、副題が「人類運命共同体の構築のために東方の知恵を」となった。

日本アジア共同体文化協力機構からは以下の6人が参加した。（発表順）△日本アジア共同体文化協力機構会長、元総理大臣・福田康夫△大阪大学名誉教授、元文化庁長官・青木保△東京大学名誉教授、京都国際マンガミュージアム名誉館長・養老孟司△国際交流基金顧問、元駐韓国日本大使・小倉和夫△日本アジア共同体文化協力機構理事長、元駐中国日本大使・宮本雄二△日本アジア共同体文化協力機構参与、法政大学名誉教授・王敏（司会）

福田の開催経緯の説明に続き、青木が四十数年の調査研究の成果に基づき語った。青木は、

北京で開かれた国際儒学聯合会第６回会員大会で、握手を交わす新任会長の劉延東元国務院副総理と新任理事長の福田康夫元首相（2019 年 11 月）

アジア特に日中の間で互いに共有できる「若者文化」の存在を指摘。映像、漫画・アニメ、音楽など共有領域の再創造・再生産を継続的に発展させ、東アジア発の文化として世界の愛好者に受け入れられることを望み、「新日中文明フォーラム」の指針力を期待すると熱く語った。

それを受けた養老は現在、ますます多くの人が都市に住み、都市の「中毒」は全世界的になっていると話した。ＡＩ（人工知能）の時代、情報化は理性的な世界の行き着く頂点のようなもので、そういう意味で文化は、理性的な社会の解毒剤であるとし、日中からアジアに広がる都市の中毒病に処方箋を出した。

小倉は、中国に対する日本の国民感情の悪化という現実を直視し、国民同士の交流と文化交流が大きな意味を持つと強調した。ただし、中国文化も日本文化も世界人類のものである認識を喚起して、世界共通のものがそもそも文化にあるという意識の樹立を訴えた。

宮本は、幅広い意味での文化とは、われわれの生活のほとんどがカバーされるもので、文化はお互いの国民を近付けられると述べた。日本の若者との交流を通して、日中やアジアの青少年の文化交流を大々的に進めるには、今が絶好のタイミングだと確信している。それを裏付ける理由として日中の価値観と都市文化と伝統文化の共有という3点を挙げた。

終わりに福田が、文化とは多国間の国民の気持ちを近付ける有用な素材を提供でき、また運命共同体をつくるためにも有効な通路である。王敏が加わった日本における禹王信仰の研究は、参考事例である。今後も文化面ならではの視座を新日中文明の模索に生かしていこうと述べた。

「日中運命共同体」に希望を持ち、新文明を探る模索は始まったばかりである。

六、周恩来の「雨後嵐山」紀念詩碑の建立

中国初代総理である周恩来（1898～1976年）は青少年時代の1917年秋から1919年春にかけて日本に留学した。その時はちょうど辛亥革命（1911年）と五四運動（1

周恩来「雨後嵐山」紀念詩碑
（嵐山大悲閣千光寺）

919年）の間にあたり、中国現代史において かつてないほど動揺していた時代だと言える。帰国前に、周恩来は古都の京都に一時的に滞在しており、桜の花が満開する嵐山を訪れた。そこで感慨深くなり、4月5日に『雨中嵐山』と『雨後嵐山』との二首を作った。78年、日中平和友好条約締結を記念すべく、『雨中嵐山』記念詩碑が嵐山の亀山公園に建てられた。今年の2022年はちょうど中日国交正常化50周年を迎えてくる。編者の調査に基き、かつて周が上述の二作を詠んだ4月5日に、嵐山大悲閣千光寺の桜木の下に、『雨後嵐山』を記念する詩碑を建てた。

周恩来の姪である周秉徳と周秉宜女史、福田康夫は詩碑の除幕式に祝辞を送られた。「周一家の先祖は淮河流域の出身でした。小さい頃から、水害で痛い目に遭った村人たちの苦しい経験を目にしてきたおじさんは、彼のお母さんの父親である万青選一家が4世代にわたって治水

2022年4月5日、嵐山大悲閣千光寺にて周恩来「雨後嵐山」記念詩碑除幕式

2022年4月5日周恩来「雨後嵐山」記念詩碑除幕式紀念会
（一列目左から治水神・禹王研究会会長植村善博、大阪総領事薛剣、王敏、
京都市長門川大作、嵐山大悲閣千光寺住職大林文啓、京都府日中友好協会副理事長四宮陽一）

に努める意義をよく知っています。おじさんの詩作『雨後嵐山』の詩碑が、「日本の大禹」と呼ばれた角倉了以にまつわる寺院に建てられたことを知り、私はとてもうれしく存じます。今まで中日両国に保たれ続けてきた『大禹の精神』はここで交流ができ、ともに平和と繁栄の世界を願っています」と周秉宜は語った。

周秉徳は以下のように述べた。「他界する直前に、重病のおじさんはまだ日本の桜を心にかけていた。彼はかつてそう言いました。『日本から帰国して55年が経ちましたが、1919年に桜の花が満開する光景を今でも忘れられません』と。それも、中日が世々代々にわたる友好と平和であり続けるという彼の主張の原動力となると思います。『雨後嵐山』詩碑の落成は、両国人民が共に平和を守ることと、平和的に発展する事業を深化させることの証です。中日両国の平和友好事業が伝統を受け継いで未来を切り開き、発展を遂げ続けることを願っております」

言うまでもなく、福田康夫が経念詩碑の有力支援者である。祝辞で福田はつぎのように思いを叙懐した。「周恩来先生は中日国交正常化の実現に極めて大きな貢献を果たしました。私の父親・福田赳夫は周氏をとても尊重しており、『日本のことを一番よく知っている中国人』と評価しました。78年、父は日本政府を代表して中国と平和友好条約を締結しました。それも周総理が残した平和の遺産と言えるでしょう」。さらに福田は、「目下、中日両国は困難な時期にあるが、平和友好の橋を再度かけることを願っている」とコメントした。

式終了後、来賓の皆さんは嵐山大悲閣千光寺と深いゆかりのある「花のいえ」に集まった。そこは、江戸時代の豪商で「日本の大禹」と呼ばれた角倉了以の邸宅であった。ここの主な建築「鬮鳩楼」は『詩経』第一篇の『関雎』にちなんで名付けられたという。独特な建築様式を誇り「御殿の堂」とも呼ばれており、現代「京都を彩る建物や庭園」に選定されている。ここには狩野派画家の真跡や雪見灯籠など貴重な文化財が収集・保管されており、人を昔ながらの風情に浸らせている。

百年前のこの時期を振り返れば、周恩来もここに足を運び、国境を越えて「大同」を探究し続けている。帰国後、周恩来は日本の風景を楽しむことができないが、重病を患いながらもキレイな桜の花を忘れられなかった。「日本は非常にキレイな文化を持っている国だ」と彼は強く思っていた。

桜木の下に建てられた『雨後嵐山』の記念詩碑は、周恩来にとって大きな慰めになると思う。嵐山大悲閣千光寺、彼がかつて訪れて感慨深く作詩したこの寺院は詩碑を守ってくれるから。周恩来の日本留学がもたらした平和の遺産は、中日国交正常化の原動力となるだけでなく、両国の代々にわたる平和と友好を凝縮する確固たる基盤となるからである。日本には福田康夫のような平和を実践しておられる人々が頼ましいからである。

終わりに

福田康夫の周りにはいつのまにか人が集っている、惹きつけて離さないにじむ魅力の人との評がこれほど似合う政界の人物がどのぐらいいただろうか。いま世界は平和と真逆の激越な戦いに明け暮れる、まるで酷暑の温暖化の世界に突っ込んでいるかのようである。

どういう環境にあっても福田康夫は不動である、天辺（不動、天辺の月という言葉がある）にある位置を見失わない。貴重な金城鉄壁の知恵の発揮を惜しまない。なにごとにも冷静に対応して「我慢強い」のが福田康夫の特徴と思っている。

この文集には平和への希求があふれている。戦後日本の世界観がこれほどすなおに発露された政治経験者の思考が素地を引いたからであろう。福田康夫は惜しげもなく首相経験の立場を社会奉仕に生かそうとされているからである。じっくりと読むほどに胸に響くものが多くの人々につたわると信じている。

最後に掲載・転載を承知くださった海内外の方々、活用を見守ってくださった団体や組織に厚く御礼申し上げる。福田康夫の人徳にこたえて、たくさんの励ましをいただいた。ここに感謝して掲載させていただく。ありがとうございました。（順不同）

日本・その他の地域（開催、参加等）
東京-北京フォーラム
国際アジア会議
21世紀フォーラム
日中韓賢人会
日中韓三国協力事務局
ダボス（世界経済フォーラム）
ニザーミ・ガンジャビ国際センター
ジェトロ（日本貿易振興機構）
日本経済団体連合会
経団連国際対話プロジェクト
アジア経済研究所
周恩来平和研究所
博源基金会

アジア太平洋観光社
全日本中国企業協会聯合会
企業連合事業協同組合
中国国際航空日本支社
三和書籍

中国（開催、掲載等）
ボアオアジアフォーラム
北京－東京フォーラム
グローバルシンクタンク協力フォーラム
尼山世界文明フォーラム
CCIEE（中国国際経済交流センター）
国際儒学聯合会
中国社会科学院及び同日本研究所
上海国際問題研究院
北京大学
清華大学
復旦大学

中華日本学会
中国公共外交協会
中国新聞社
『参考消息』
『人民日報』
『人民中国』
『広州日報』

77回目の終戦記念日・2022年8月15日
編者

【編　者】

王　敏（ワン・ミン、おう・びん）

中国・河北省承徳市生まれ。大連外国語大学日本語学部卒業、四川外国語大学大学院修了。宮沢賢治研究、日中比較文化研究。人文科学博士（お茶の水女子大学）。「文化外交を推進する総理懇談会」や「国際文化交流推進会議有識者会合」など委員も経験。日本ペンクラブ国際委員、朝日新聞アジアフェロー世話人、早稲田大学や関西大学などの客員教授などを歴任。法政大学名誉教授、桜美林大学特任教授、拓殖大学客員教授、周恩来平和研究所所長。

宮沢賢治を中国に初めて紹介したことで知られている。90 年に中国優秀翻訳賞、92 年に山崎賞、97 年に岩手日報文学賞賢治賞を受賞。2009 年に文化庁長官表彰。

主著：『周恩来と日本』（三和書籍）、『嵐山の周恩来』（三和書籍）、『禹王と日本人』（NHK 出版）、『宮沢賢治、中国に翔る想い』（岩波書店）、『宮沢賢治と中国』（国際言語文化振興財団）、『中国人の愛国心――日本人とは違う 5 つの思考回路』（PHP 新書）、『ほんとうは日本に憧れる中国人――「反日感情」の深層分析』（PHP 新書）、など。

共著：『自分がされたくないことは人にもしない』（三和書籍）、『日本初の「世界」思想』（藤原書店）、『＜意＞の文化と＜情＞の文化』（中公叢書）、『君子の交わり　小人の交わり』（中公新書）、『中国シンボル・イメージ図典』（東京堂出版）、『中国人の日本観』（三和書籍）、『日中文化の交差点』（三和書籍）など。

要訳：『西遊記』、『三国志』、『紅楼夢』など

中国語作品：『漢魂与和魂』、『十国前政要論全球＜公共論理＞』、『中日神話伝説比較研究』、『中国小説与伝説在日本的伝播与再創』、『銀河鉄道之夜』、『生活中的日本――解読中日文化之差異』、『宮沢賢治傑作選』など多数。

福田康夫文集
世界の平和を求めて

2022 年　9 月　29 日　　第 1 版第 1 刷発行

2022 年 12 月　28 日　　第 1 版第 2 刷発行

編　者　　王　　敏

発行者　　高　橋　考

発行所　　三　和　書　籍

〒 112-0013　東京都文京区音羽 2 - 2 - 2
TEL 03-5395-4630　FAX 03-5395-4632
sanwa@sanwa-co.com
http://www.sanwa-co.com

印刷／製本　　中央精版印刷株式会社

ISBN978-4-86251-483-7 C3036